讲好
中国故事
丛书

中国故事
怎么讲

周鑫宇 / 著

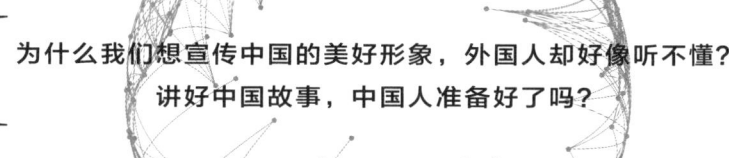

为什么我们想宣传中国的美好形象，外国人却好像听不懂？
讲好中国故事，中国人准备好了吗？

五洲传播出版社

目 录

　　为什么外国人一会儿把中国抬得很高，一会儿又把中国看的很低？为什么外国人要用那样的眼神看待我们的政治、经济、外交和文化？为什么很多外国人始终把中国看成"异类"？为什么我们想"宣传"中国的美好形象，外国人却好像听不懂？

　　中国到底是新兴的还是古老的？到底是落后的还是发达的？到底是全球化、现代化的，还是神秘的、与众不同的？是本质脆弱、需要帮助的，还是能量巨大、值得恐惧的？

第三章 "讲好中国故事"的能力　　

今天我们都在说讲好中国故事、传播中国声音。普通的中国人和外国人交流，发出的就是中国的声音。可是，讲好中国故事并没有那么简单。会讲故事本身就是一种能力。

第四章 中国政治怎么讲?　　

要想和外国人交流中国政治，首先要知道外国人看待中国政治的三个特点，以及中国人向外国人介绍中国政治的三个障碍。

第五章 中国经济怎么讲?　　

跟外国人讲中国经济崛起，多讲讲全球新兴国家崛起的大趋势、讲讲工业文明向全球扩展的大背景，他们会更容易理解。

事实、形象和舆论

赵启正

当代中国公共外交的主力在民间。这个判断的依据在于：中国的公共外交本质上都是向世界说明中国的活动——重点是说明中国的真实国情，包括社会进展、人民生活、国内外政策和外部世界对中国感兴趣的问题等，其目的在于使国际舆论较好地符合中国的实际，促进外国人民和政府对中国的友好关系。

随着中国社会的不断发展，越来越多的公众拥有了跨国交往的机会，他们在出国旅游、留学、工作的过程中，通过一举一动为外国公众提供了了解中国的窗口，因此也必然地影响着国家形象或声誉、发挥着类同公共外交活动的效果。从这个角度可以说"公共外交，人人有责"。现在，中国每年出境的人次已经超过8000万，其中大约3000万人次是到外国，显而易见，这些携带着中国名片的出国者能够在公共外交中发挥出巨大的力量。中国的公共外交事业能够成功，必是功在人民大众、利也在人民大众。

值得一提的是，我们需要厘清"真实国情—国家形象—世界舆论"之间的关系。从本源上看，真实国情是客观实在，是国家形象的基础。作为一个国家真实情况的再现，国家形象有赖于各种形式的媒体（报刊、图书、影视等等）进行传播，但由于报道者的价值观，他的观察角度、选题和叙述方式等的差异，媒体所传播的国家形象会存在片面性和"失真"

的可能；只有越接近真实的描述，越经得起时间和实践的检验，任何粉饰性的描绘，都不可能具有持久的影响力。而关于一个国家的舆论或声誉，则是国家形象在特定人群中获得的评价的总和，它与人的主观判断、价值取向有关，往往以民意测验（显然与测验的设计是否科学有关）形式呈现出来，于是才会出现在不同的国家和地区，关于一个国家的舆论或声誉存在较大差异的现象。因此我们说，一个国家的形象决定于国家的实际情况，而优秀的媒体会有助于真实形象的传播，公共外交是克服过度依靠媒体传播局限性，传播国家真实形象的有效途径。

根据马斯洛的需求层次理论，公共外交的目标归属于被尊重的需求，是比较高阶的追求。随着中国公众与世界接触的机会越来越多，作为中国人的集体身份受到世界认可、尊重的需求在民间越来越强烈。近两年来，许多省、市、地、县也陆续成立了公共外交协会，并开展创新性的活动。这些现象都体现了公共外交的民意基础在中国正逐渐壮大。

可是，需求的层次越高，越不容易实现。要改善世界对中国和对中国人的认知，显然不是政府或者某个单独的社会群体能够独立做到的。开展好中国的公共外交，一方面，一向由政府承担的"对外传播"正在不断改善和加强；而另一方面，公众承担的公共外交方兴未艾。而后者需要通过各种形式的有关公共外交的普及教育和经验交流来提升爱护国家形象的意识和对外交流的能力。对于外国人来说，每一个中国人都是有近14亿页的《中国读本》的一页，他们往往只能通过阅读其中的几页、几十页来认识中国和中国人；而直接接触中国和中国人就有可能避免只依赖于媒体而存在的片面性和被诱导性。那么，一个普通中国人怎样才能更好地通过公共外交为国家声誉做贡献呢？这是并不是一个很为难的问题。他们只需在对外交往中用恰当的言行讲述自己和自己身边的真实故事——这些故事源于日常生活，真实、丰满、自然、生动、鲜活、易懂，不需要豪言壮语和华丽的辞藻，但能打动人，中国和中国人的形象自在其中。

　　大学作为中外文化交往、理论对话和价值传播的重要平台，是中外人文交流的前沿重地，也是公共外交的核心智库。在公共外交主体多元化的今天，高校理应成为推动其发展的重要主体之一。积极利用自身的国际影响力和人才优势，推动公共外交的理论研究，普及公共外交理念和实践，是每一所高校义不容辞的责任。

　　周鑫宇博士这本新著虽然是一本公共外交的普及性读物，但其中不乏真知灼见，尤其对外国人对中国的认知心理有深入精彩的分析。而且，作为一本提倡中国人讲述中国故事的书，其本身也在发挥着公共外交的作用，也在教给读者怎么和外国人讲故事。如果我们每个人都把自己的故事讲好了，中国的国家形象也就丰满了，中国良好的国际声誉也就会远播四海。

第一章

讲好中国故事，没有那么简单

一、外国人爱问的问题

在全球化的今天，中国人和外国人的接触越来越频繁。我们出国旅游、工作、留学，在国内接待来访的外国同行和朋友，甚至和外国人成为同事和邻居。接触一多我们就会发现，外国人对中国有各种各样的看法。中国人和外国人接触，就难免就要被问到中国的事。

按理说，跟外国人说中国，应该不难。我们有句话叫作"如数家珍"。中国是我们自己的国家，自家的事还有什么说不好的？

但哪怕是经常从事国际交流的人，也会发现自己面对外国人的问题竟会一时语噎。

比如我所在的大学开展了一些中美人文交流的工作，每年暑假都会有成批的美国学生来访。交流之前，中国学生会很认真地做准备，跟来访的美国学生讲中国的政治是什么样的，经济发展情况如何，包括中国人的家庭生活和传统文化等等，准备得非常充分。但到提问环节的时候，美国学生一举手，经常不问我们之前准备的主题。比如他会问：请问你们中国人真的吃狗肉吗？我们的大学生猝不及防遇到这样的问题，就讲不出来了。现场的气氛就会就很尴尬。

　　这样尴尬的场合，很多从事国际交流的人都会遇到。甚至有些问题遇到过很多次，仍然不知道该怎么办。有一次我跟北京市做妇女工作的同志合作进行女性公共外交的研究。今天世界各国涌现了很多女性领导人，通过妇女交流可以更好地推动国家之间的政治信任。北京市的妇女工作理念非常先进，对外交往的能力也很强。但有一次一位同志跟我说，有个问题她参加工作以后被外国人问了 20 多年了，这两年被问得尤其多，但她仍然不知道怎么很好地回答。这个问题就是：中国为什么让女人只生一个孩子？

　　很多中国人都被外国人问过这个问题。我跟这位同志说，你告诉外国人现在国家已经放开生育二胎了吗？她说，看外国人的意思，不管让生一个还是生两个，在外国人眼里，国家就不应该规定女人能生多少孩子，这是基本的人权。这就是外国人的思维。像这样的问题，就算做专业工作多年的同志，也觉得不容易回答好。

　　中国人会被外国人问到哪些尴尬的、关于中国的问题？为此我们开展过一些专门的调查。其中一个调查深度采访了 47 个在国外留学过的中国学生。结果显示，被问到比例最高的，是关于中国政治制度的问题。这让我们颇为惊讶，因为海外校园环境里年轻人居多，而国外年轻人是相对不太关心政治的人群。但无论如何，对于一般的中国学生来说，要解释中国的政治制度，是很不容易的。用学生的话说，他们感觉"很敏感"。

　　可是外国人就爱问敏感的政治问题。在我们这个调查的结果中，外国人常问的有相当部分都是政治敏感话题。以下是最主要的统计结果：

典型问题	问题类型	比率
"中国会是专制国家吗？"？	政治制度	21%
"中国政府为什么只准生一个孩子？"	计划生育	15%
"中国在用武力威胁台湾（东南亚国家）吗？"	军事威胁	15%
"中国人真的吃狗肉吗？"	饮食文化	12%

"中国为什么要入侵西藏？"	西藏问题	10%
"中国人为什么都数学好？"	文化融入障碍	10%
"中国为什么不能登录 Facebook？"	言论自由	8%
"中国人都不信仰上帝吗？"	宗教信仰	8%

也就是说，如果你是一个学生到国外留学，每 5 个人就有一个会被问到中国的政治制度相关问题，每 7 个人就会有一个被问到计划生育的问题，每 10 个人就会有一个被问到西藏问题。别的研究显示，如果你是一个官员、媒体人员和专业人员，这些问题被问到的比例还会更高。

这就是为什么我们最普通的中国人和最普通的外国人进行最普通的日常交往，也会时常感受到某种颇为紧张的"政治氛围"。我们在国内交往中很少想到和谈到的"敏感问题"，在国际交往中几乎必不可少。就算我们没有主动地意识要"代表中国"，也经常被迫要"说明中国"。和很多国家的人不同，中国人的国际交往天然呈现出较强的政治化特征。多数人对此都感到不太适应。

其实，最尴尬的还不是被外国人问到敏感政治问题，而是有一些问题被问到以后，我们甚至都不知道外国人是什么意思。比如调查发现有很多中国留学生都被问到过："你们中国人的数学为什么都那么好？"

这是在表扬我们吗？在中国的校园文化里，数学好的人是受到崇拜的。但受访者感觉到这个问题背后不简单是赞赏的意思。我们在后来的调研结果分析中把这个问题和"你们中国人之间为什么不爱讲英语"等问题放到一起，作为"文化融入"问题。在西方大学的文化环境中，一个人数学好，他们可能会觉得你聪明，但也会觉得你"怪"，是个"学霸"（nerd）。这在英文里可不是什么好词。在好莱坞电影里，很多特别荒唐甚至特别坏的事都是这种聪明人干的。

对于"学霸"的看法不同看起来只是个文化差异而已，但实际上最终还是会影响政治。它某种程度上映射了出西方人眼里中国人的一种典

讲好中国故事，没有那么简单

型形象。在学校里，中国人会被问数学为什么好？到工作场合，中国人就会被问为什么都是工作狂？到了奥运赛场上，中国的运动员会被问是不是接受了非人道的训练？是不是为了成功服用了禁药？中国的企业很会赚钱，是不是"血汗工厂"？这些图景拼接而成的中国，就是一个普遍爱好专制和牺牲人权的国家，有着蝗虫般的竞争力，怀有隐秘的图谋，让世界感到害怕。这样的话语，在一百多年前就是"黄祸论"，在今天就是"中国威胁论"。所以，数学好不好的问题，也牵扯到了大的政治认识。你看，就连当学霸也在影响中国形象。

我们的调查采集了让中国人感到"尴尬"的问题。这些问题背后往往有或明或暗的政治和文化偏见。还有一些问题不包含偏见，甚至真心诚意表达了想了解中国的意思，但我们同样难以回答。比如今天外国的学者见到中国人，最想知道的问题是："你们中国是怎么突然发展起来的？"这是一个很好的问题，但中国方面的学术同行、政府官员、媒体记者，大多数人回答起这个问题来也感到困难。是呀，这么大个问题，从何说起呢？但不管问题好不好回答，这都是关于中国最重要、最普遍的疑问之一，如果我们被问到了答不出来，在对外有效沟通上、在提升中国的软实力上，就是一个大的缺失。

况且，这类问题的背后，往往还隐藏着一连串的疑问。比如，中国的快速发展可以持续吗？会突然崩溃吗？中国的发展经验别的国家可以学习吗？突然拥有巨大力量的中国，将给世界带来什么？这些问题如果我们都不能很好地对外沟通，中国的发展奇迹和光明未来就只好成为京剧里的大花脸一般任人涂抹。中国人讲不好的故事，外国人就会替我们讲，写出更多的《中国即将崩溃》、《当中国统治世界》和《中国向何处去？》等等来。最后一个题目来自美国前常务副国务卿罗伯特·佐利克世界闻名的一次演讲。中国向何处去的问题，一个美国人居然也好意思堂而皇之地来发布，这是美国人好为人师的缺点，我们也挡不住。问题是我们自己的事,自己确实也应该说的更多、更好、更清楚一点。

所以说,讲好中国故事,没有那么简单。正如希腊箴言所说:"认识你自己"。我们往往是在遇见"他者"的时候,才真正发现自己。一百多年前,西方列强用强暴的方式闯入中国,中国人开始"开眼看世界",并用世界的眼光审视和重新认识自己。百年后的今天,中国开始用和平友好的方式大规模地进入世界其他国家的视野和土地,世界由此大范围地爆发出"中国之问"。在这个过程中,我们也会再次更新对世界和对自己的认识。

我们是谁?中国准备好答案了吗?

讲好中国故事,我们准备好了吗?

二、四个不同的中国

外国人问的问题背后,包含了对中国的各种各样的看法。为什么外国人一会儿把中国抬得很高,一会儿又把中国看得很低?为什么外国人要用那样的眼神看待我们的政治、经济、外交和文化?为什么很多外国人始终把中国看成"异类"?为什么我们想"宣传"中国的美好形象,外国人却好像听不懂?

首先我们要知道,外国人怎么看中国,其实并不完全由中国人的主观愿望来决定。外国人看待中国,有他自己的路子。

2008 年是中外关系中特殊的年份。那一年中国成功举办了奥运会。而我正好在美国做访问学者。有一天,我在美国中西部的怀俄明州旅行,汽车停在路边的麦当劳休息。夏季的草原异常美丽,我拿着食物坐到店外的椅子上,在阳光中享受壮阔的美景。

过了一会儿,一辆大卡车停在了店边。司机从高高的驾驶室里跳了下来。我看了看他，这是一个典型的美国中西部的男人，也许算见多识广的那一类。他摇摇晃晃地来到我身边，和我说起话来。

"你是游客吧？日本人？"他问我。

"不，我是中国人。"

在美国，很多人都分不清日本和中国。但是这个司机明显知道日本和中国的区别。因为这时候他的脸上露出同情的表情。接下来他告诉我，他认为美国在国外花了太多钱。如果非要花这些钱的话，不如用来赠送给其他落后国家，包括中国。

这个美国司机眼睛中透露出来的，是外国人头脑里关于中国的一幅典型图景。我甚至都没有想要向他解释什么。因为在美国，绝大多数人对中国都知之甚少。不要说美国中部草原上的卡车司机，即便是美国联邦国会议员，了解中国的也是极少数。当然，我们完全不必为中国抱怨。著名外交家、前中国驻法大使吴建民曾说过，美国国会议员 80% 没有护照。[①] 这意味着多数美国国会议员根本就没去过任何其他国家。就算是剩下那 20% 曾经出过国的议员，大部分也就去过紧挨着美国的加拿大和墨西哥，或者是加勒比海上的旅游胜地。作为全国性政治家的国会议员尚且如此，美国广大的普通民众就可想而知了。

美国在这个世界上是存在感最高的大国，但同时它的国民也对世界上绝大多数国家充满了无知。因而，我遇到的卡车司机很可能反映了发达国家多数普通人看待中国的方式。这个世界上的大多数人对国外的世界既缺乏了解的渠道，也没有深入了解的兴趣。于是，他们从关于外国的只言片语中搭建一个外国的形象，而这个形象往往映射着他们对自己国家的看法。比如这位卡车司机认为美国是世界上最富有的国家，那么对他来说中国就是不发达世界的一部分，与非洲南部的那些国家没有区

---

① 吴建民："9·11 引起世界的深刻变化仍在继续"，《中国经济时报》，2004 年 9 月 9 日。

别；他为美国三权分立的民主制度感到自豪，则想当然地相信中国人的政治制度是不可接受的。这就是大多数西方人把中国看得过度落后或者专制的原因。

说实话，我理解这位卡车司机的看法，因为大多数中国人也用同样的、以自我为中心的方式想像别的国家。这也许算人类的一大通病。

就在遇到这个卡车司机不久以后，我在美国首都华盛顿参加在智库"战略与国际研究中心"举办的"全球青年领袖"沙龙，又看到了全然另一幅中国图景。在嘈杂的大厅里，一个三十多岁、西装笔挺的男人，端着咖啡踌躇满志地向我走过来——看他的样子，我猜他正在事业的上升期。这种人是美国人词汇里典型的"青年领袖"。当他知道我来自中国的时候，露出了兴奋的神情，热情地赞叹说："市场的未来在中国！"然后他开始跟我谈论在中国做"新生意"的方法。他说："我计划在中国建立一家像Craiglist那样的网站。我应该怎么做？你知道Craiglist吧？"

我表示我知道Craiglist。一个同城信息分享的网站，每个人都喜欢用。但是据我所知，类似的网站中国已经有好几家了，竞争非常激烈。

听到我的介绍，这个男人脸上露出难以置信的表情。我只好把中国网站的网址写给他。他很认真地放进兜里。然后他不甘心地问我：

"中国有像facebook那样的网站吗？"

"有的。"

"亚马逊那样的呢？"

我想了想，"有的。"

"那twitter那样的网站看来也有了。"

我有点担心自己的回答会让他过于失望。但我立刻发现自己小看了美国人的乐观精神。他喝了一口咖啡，说："好吧。也许我仍然可以做点什么。"

"也许你可以先去中国看看。"我最后说。

讲好中国故事，没有那么简单

"当然。"他握住了我的手。

我不知道这个人最后会不会去中国。在华盛顿这样的开放地区，很多人在谈论中国。但跟中部大草原上的卡车司机和农民一样，即便是这些处在全球化最前沿的美国城市精英，大多数也都没有到过中国。他们每天使用中国商品，看到很多来自中国的人，对此习以为常，或者偶然感到困扰——比如电视上报道中国商品的质量问题的时候。不知道从哪一天开始，电视上的竞选广告又开始不断说是中国人抢走了美国人的工作机会，美国政府欠了中国很多钱，甚至美国的全球领袖地位将被中国替代。这让美国人更多地意识到中国的存在，也让他们对这个国家感到更加困惑。在 2008 年金融危机之后的衰退时代，在世界上很多人眼里，中国是希望之所在，也是恐惧之所在。一个超大型的、强劲增长的新兴经济体对于美国到底意味着什么，成为西方最有争议、最矛盾的话题之一。最关键的是，讨论这些话题的人，大多数根本没来过中国。

在一个来到中国的外国人眼里，我看到过关于中国的第三幅图景。几年前，我曾经作为陪同人员在北京接待了美国马里兰大学教授本杰明·巴博。巴博教授是杰出的政治学者，这是他对北京的第二次访问。上一次已经是在 20 世纪 80 年代了。在陪同巴博教授从机场到市区的路途中，我本以为他会对车窗外的城市发表评论。要知道，他上次来的时候，车窗外那些绵延的大楼都还是荒地。然而他一路都很沉默。几天下来，他都在默默地观察。直到有一天，汽车经过北京城中心一片残破的四合院时，本杰明突然兴奋地说："这才是我记忆中的北京城。"

是的，古老的、陈旧的、历史沧桑的、文化上神秘而难以接近的，这才是中国。可惜我没有尽早意识到这一点。在离开北京之前，本杰明提出希望看一场"中国戏剧"。时间很紧，我便带他到北京最好的剧院看了一场歌舞剧。看完之后，很明显他失望了。

后来我想到，剧很好，只是内容和形式都太现代、太西方了。可是，难道我要带他去天桥看一场京剧？可我自己并不太懂京剧，这也许会让他更失望。古老的四合院和神秘的京剧，也包括令人痴迷的中国武术，很多外国人眼中的中国标签，在当今的中国已经越来越稀缺了。

上面三个故事，展现出了三幅截然不同的中国图景。三个故事都是来自西方人的。我想最后讲一个来自非西方世界的故事，看看关于中国的第四幅画面。

2011年，我加入一个中国记者访问团，到巴基斯坦访问。在那里，很难在街头看见西方人。基地组织的头目本·拉登刚刚被美军特种部队击毙，报复的行动正在巴基斯坦各地展开。我们在各种恐袭的消息中走遍了这个国家的多个城市和省份，感受到乱世中的平静和友善。与印度危险的军事对峙，难以控制、犯罪频发的北部边境，此起彼伏的自杀性恐怖袭击，碉堡和拒马密布的城市街道，美军的战机和直升飞机在领土上空肆意地掠过，高额的赤字和苦苦维持的经济。在巴基斯坦这样一个典型的第三世界国家里，中国又是一个什么形象呢？

在那里，中国是先进的：在拉合尔的博物馆——那里陈列着四千年前古印度文明的文物，不远处还有伟大的莫卧尔王朝的故宫。一个头戴黑纱的穆斯林少女高兴地告诉我，她马上要去中国留学了。她去的是北京一个很好的理工科大学，离我工作的大学没多远。畅想着到中国的学习和生活，她太过兴奋以致忘记了似乎不应该和一个陌生外国男人交谈太多。

在那里，中国是友善的：在伊斯兰堡半山腰的观景平台上，每一个伊斯兰堡市民都想过来和中国记者合影。他们一致称中国人为"兄弟"。这些市民太过于热情以至于过于紧张的安全警察不断地把他们从我们身边拉开架走。

除此之外，在那里，中国还代表着未来：在偏远的巴控克什米尔的首府，省督在他的帐篷里接待了中国记者。他用当地的土语发表演讲。他的翻译从当地土语翻译出巴基斯坦官方的乌尔都语，然后中国的翻译在才能翻成中文。他在演讲中说，如果世界上只有美国一个超级大国，巴基斯坦就很危险。巴基斯坦感谢中国成为另一个超级大国。

我听到这个话的时候，望着帐篷外的喜马拉雅雪山，思考"超级大国"这个词对这片部落地区的意义。在山腰蜿蜒的公路上颠簸的克什米尔卡车司机可能也会这样说。他们和我在美国中部遇到的卡车司机的看法截然相反。他们为中国公司开车，这可能是当地最体面的职业。而中国路桥公司正在这里修建一条世界上海拔最高的国际公路。

当然，巴基斯坦人对中国的感情有特殊之处。实际上，中国在广阔的第三世界的形象跟在西方一样复杂、矛盾和分裂。巴基斯坦人可能觉得强大的中国"兄弟"是制约美国霸权和印度威胁的友善力量；东南亚一些国家则想在美国和中国之间寻求某种平衡——即便中国强大而重要，也要提防它以强凌弱的可能；非洲人有的把中国看作一种成功的新发展模式、不附加条件的援助者，有的则在西方媒体上批判中国公司是只知道挖油找矿、恶劣对待当地劳工的"新殖民主义"。[1]

但总的来说，第三世界的人们更少受到西方普遍存在的自我中心主义观念的影响，他们更容易站在客观的角度看中国。在这样的角度上，大多数第三世界国家认为：中国的发展蕴含着巨大的能量。中国崛起的含义远非"市场的未来在中国"那么简单。世界的未来可能也在中国。

三、中国形象的解析

我讲述了外国人眼中关于中国的四幅图景，它们分别来自美国农村

---

[1] Alexis Okeowo, "China in Africa: the New Imperialists?", *the New Yorker*, Jun. 12, 2013, http://www.newyorker.com/online/blogs/newsdesk/2013/06/china-zambia-resources-imperialism.html.

的卡车司机、华盛顿的商人精英、访问中国的西方学者和第三世界的部落领袖。在全世界，在不同的人那里，中国的形象还可以找到很多。如果说每个人心中都有一个哈姆雷特，那么每个人心中也都有一个中国。

但在我看来，我所挑选的四幅图景具有深刻而广泛的代表意义，可以成为我们理解外国人"中国观"的四把钥匙。这四幅图景分别是：

灰色图景：第三世界的中国

中国是一个发展中国家，巨大而落后，有着第三世界国家的种种特征。无论在政治上和经济上，中国都需要发达国家的教导和帮助。即便今天中国经济已经快速发展，其政治也仍然是落后的，需要向西方学习如何尊重人权、实现民主。

绿色图景：新兴市场的中国

中国是最大的新兴经济体，欣欣向荣。它快速发展的经济、稳定的社会和良好的基础设施建设，是资本获取高额利润的天堂。与中国接触，意味着经济机会。

黄色图景：东方文明的中国

中国是古老、悠久和神秘的东方文明的代表。它散发着与西方文明不同的迷人气息。但同时，这也暗示着中国人是与西方不同的，有时甚至是难以理解的。中国这样一个异种文明的崛起，可能会导致"文明的冲突"。[①]

---

① 文明的冲突是美国著名政治学者萨缪尔·亨廷顿提出的理论，参见：Samuel P. Huntington, *The Clash of Civilizations and the Remaking of World Order*, New York: Simon&Schuster. 2011.

讲好中国故事，没有那么简单

红色图景：超级大国的中国

中国正在成为超级大国。尤其是西方传统强国在经济和政治危机中苦苦挣扎，中国力量的增长显得更加一枝独秀。不论世界是为此感到欣慰、焦虑还是恐惧，中国都在迅速建立世界性的影响力，并可能给工业革命以来的世界历史带来转折性的变化。

在跟外国人的接触中，我发现这四幅图画有着广泛的代表性。无论是常年在中国经商和居住者，还是对中国知之其少、其感疑惑者，无论是普通外国民众，还是外国媒体和政治精英，几乎都可以从这四幅图景中产生共鸣。他们对中国或复杂，或矛盾，或肤浅，或深刻，或歪曲，或明智的种种看法，都可以从上面四幅图画及它们的组合中找到根源。

更重要的是，这四幅图景代表着中国形象的四种底色。外国人关于中国的描绘，许多都是由这些底色搭配而来。下面是一些流行于世界各地的、关于中国的论调。让我们看看这些论调是如何由四种底色搭配而成的。

组合变种一："中国威胁论"

长期以来，"中国威胁论"是对中国国际形象的最主要挑战。许多外国人相信中国的崛起迟早会破坏世界和平，威胁其他国家的安全，还会加剧能源枯竭、环境恶化，甚至引发世界大战。[①]

如果用我的四幅图景来分析，"中国威胁论"是"超级大国"、"第三世界"两幅图画的奇妙结合体。这样的组合看起来自相矛盾，让我来稍作解释。首先，"超级大国"图画带来的威胁感很好理解：世界正在为一个新兴世界级大国的出现感到不安、焦虑或者妒忌。这是人之常情，

---

① 参见 David Rothkopf, "The China Threat：Considering the Growing Consensus," *Foreign Policy*, January 18, 2011；Denny Roy, "The 'China Threat' Issue: Major Arguments," *Asian Survey*, Vol. 36, No. 8, 1996, PP. 758–771.

史之通理。

可是这种心底的"小九九"要变成一种"论",堂而皇之地说出口,却总是要染上第一幅灰色图画的色彩。中国的强大为什么令人不安?这种观点认为它是"东方式专制的",无论在经济制度还是在政治制度上都是封建的、帝国式的、前现代的。它越强大,越有可能成为法西斯般的破坏性力量,对现代文明构成威胁。中国的强大就像一个本质愚昧的农民突然登上了皇帝的宝座,是力量与野蛮的恐怖结合。

所有的"中国威胁论",都离不开这种结合了恐惧与鄙视的修辞。甚至在中国弱小的时候,中国都曾因其落后而被看作是对"先进文明"的威胁。19世纪末流行于美国的"黄祸论",就把以中国人为首的东亚黄种人看作"肆掠田地的蝗虫"。许多西方人相信,中国的积贫积弱和四分五裂,会导致数以亿计的低劣人种涌向全球,给纯洁和高贵的西方文明带来危害。美国还专门为此通过了臭名昭著的"排华法案",限制中国人向美国移民和合法定居。

中国不管强与弱,都可能成为威胁,这是把中国视为"劣等世界"的心理在作怪。这种"劣等世界"的成见和超级大国的前景相融合,构成了今天"中国威胁论"的思想基础。

组合变种二:"中国责任论"

中国责任论是当前困扰中国形象的另一种重要论调。它看起来和"中国威胁论"方向相反,却实际不过是硬币的另一面。以美国和欧洲为首,许多外国人承认中国有可能成为国际社会的建设性力量,但要求中国拿出实际行动来证明这一点。他们要求中国在军事发展、环境保护、贸易平衡和外交政策等方面成为"负责任的国家"。而"负责任"的标准,则主要由西方来决定。

"中国责任论"来自于"新兴市场"和"超级大国"图画的组合。

最初是中国经济的迅速增长，以及由此对世界经济发展带来的贡献，增加了世界对中国的期待；到后来，中国已经展现出了某种世界级强国的潜质，使得一些国际舆论开始进一步要求中国领导者的责任，提供公共产品。今天，在世界各地不但可以听到"中美共治"的说法，还可以看到《当中国统治世界》这样的畅销书。[1]2010年，美国《新闻周刊》居然还发表了一篇名叫《这是中国的世界，我们不过寄居其中》的文章。[2]种种高调远离现实，就连时任中国副总理的王岐山2012年底访美期间，都暗讽美国"捧杀"。[3]许多中国学者和民众认为，中国如果按照西方的要求去"承担责任"，很有可能自视过高，误入歧途。

其实我们也不必过于担心，近几年来流行于西方的"中国责任论"，也许有一小半是对华的"迷魂汤"，更多半是对内的"苦肉计"，表现出西方人在经济和政治危机中对自身处境深刻的失落感。西方政客把中国描述为一个新的领导者，也是为了激发西方民众"外患"于侧、振奋再起的意愿。但无论如何，这些论调在由西方所把控的世界舆论中不断发酵，构成了中国当前要面对的一种新国际环境。

组合变种三：中国崩溃论

国际上有看好中国的，也有"看垮"中国的。多年来，一部分外国人不断鼓吹，中国的政治和经济制度具有不可克服的脆弱性，迟早会出现动荡和崩溃，轻则经济衰退、矛盾激化、社会动荡，重则可能出现政权颠覆、国家分裂。

---

[1] Martin Jacques, *When China Rules the World: The End of the Western World and the Birth of a New Global Order*, London: Penguin Books, Revised Edition, 2012.

[2] Rana Foroohar and Melinda Liu, "It's China's World We're Just Living in It," *Newsweek and the Daily Beast*, March 11, 2010.

[3] 吴庆才等："王岐山脱稿演讲：为中美关系增加正能量而来"，中国新闻社，http://www.chinanews.com/gn/2012/12-20/4425155.shtml

"中国崩溃论"是"第三世界"认知在"新兴市场"认知刺激下的变种。一般来说，西方普通民众对第三世界的落后国家抱有朴素的同情态度。但是当中国这个"第三世界"国家突然变成"新兴市场"而饱受推崇的时候，当中国经济扶摇直上、快马追来的时候，"中国崩溃论"就代表了西方社会一种自然的心理反弹。"中国崩溃论"背后的潜台词始终是："中国！怎么可能？"

　　20世纪苏东剧变以后，关于中国如何倒下的书籍就在西方不绝于市。《谁来养活中国？》《中国即将崩溃》《中国热》等西方畅销书从不同的角度给西方的"中国热"泼冷水，获得巨大反响。[①] 直到今天，高唱中国经济崩溃的声音仍然不时泛起。金融危机以后，很多西方媒体都预言中国难逃一劫。2009年美国《新闻周刊》发文预测中国经济将在2010年崩溃；一些文章甚至言之凿凿地宣称"无论如何，中国经济都将放缓，甚至是在未来9~12个月内崩溃"。哈佛大学经济学教授罗格夫称，中国的经济增长有可能将跌至最低2%的水平，并引发一场在10年内都会造成影响的地区性经济衰退。[②] 近年，国外的主流政论杂志《外交政策》《外交家》等都出现了《即将到来的中国崩溃》《为中国崩溃做准备》这样耸人听闻的题目。[③] 吊诡的是，在金融危机后这段特殊的时期里，这些对中国的"棒杀"和之前提到的"捧杀"居然同时出现在国际舆论中，反映了金融危机以后西方看待中国的复杂心态。

---

　　① 参见 Lester R. Brown, *Who Will Feed China?*, New York: W.W. Norton&Company, 1994. Gordon G. Chang, *The Coming Collapse of China*, New York: Random House, 2001. 方绍伟：《中国热：世界的下一个超级大国》，新华出版社2009年版。

　　② 董少鹏等：《唱空中国为何屡屡落空》，中国共产党新闻网，http://theory.people.com.cn/n/2012/0710/c49154-18484380-1.html,（上网时间：2012年7月10日）

　　③ Gordon G. Chang, "The Coming Collapse of China: 2012 Edition," *Foreign Policy*, December 29, 2011；Michael Auslin, "Planning for China's 'Fall'," *The Diplomat*, November 22, 2012.

组合变种四：中国模式论

"中国模式论"近年来刚刚在国际上兴起。一些外国学者开始相信，中国的发展可能代表着非西方文化背景的国家实现现代化的一种独特道路。"中国模式"、"中国道路"成为国际上各种学术研讨会和外交场合的热点话题。

"中国模式论"是"东方古国"和"超级大国"的结合体。在西方的心理世界中，中国始终作为一个"他者"的参照系而存在。早在一百年前，英国历史学家汤因比就认为中国将给世界做出独特的贡献：中国的独特思维方式可以避免人类"走向集体自杀之路"。[①] 冷战结束后在美国诞生的"文明冲突论"，则是"中国模式论"的反向前奏。其作者萨缪尔·亨廷顿的主要逻辑，就是像中国这样的非西方文明的崛起，带来的不只是国际力量对比的变化，而且是对传统以西方为主导的整个国际秩序的冲击。德国和苏联曾经的崛起，带来的只是国家和国家的战争。中国和伊斯兰世界的崛起，带来的是文明和文明的战争。[②]

所以，今天当我们不断听到有西方人热情解读甚至赞美中国独特的成功之道时，我们必须要知道这背后的双重逻辑。它既是对中国发展的认可，也是把中国看作"他者"的表现。"中国模式论"其实是一种"中国例外论"。对一些外国人来说，中国的发展模式可能是对人类探索现代化道路的一大贡献；但对另一些外国人来说，这也可以被看作一项根本性的挑战。比如，现在许多美国资深的战略家认为，中国对美国最大的威胁，不是经济实力，甚至不是军事扩张，而恰恰是一种新的国家组

---

① 汤因比、池田大作：《展望21世纪——汤因比与池田大作对话录》（苟春生等译），北京，中国国际文化出版公司，1985年版，第275页。

② 参见 Samuel P. Huntington, *The Clash of Civilizations and the Remaking of World Order*, New York: Simon&Schuster. 2011, P.91.

织模式和发展道路。[①]"中国模式"如果真的出现，将伤害到美国全球霸权的软实力基础。

组合变种五：中国原因论

在研究中国形象问题时，我总是反复认识到一个事实：世界上大多数人并不了解中国，甚至他们并没有真正的兴趣来了解中国。关于中国的消息可能许多外国人都曾耳边听到，书籍和电视中看到，在他们的头脑中有模糊的印象，但他们通常并不在意。即使他们每天都使用中国的商品，通常也不会在乎这些商品来自哪里，除非哪天听到媒体开始炒作"中国制造"的话题。

然而，恰恰是这些"漠不关心的大多数"，是决定未来中国形象的基础。大多数外国人对中国看起来茫然无知，但当某种特殊刺激出现的时候，他们头脑中关于中国的模糊印象会被唤醒，形成情绪化的、强烈而持久的中国观。这种刺激可能是报纸上关于中国产品质量的报道，也可能是电视上全力抢救地震伤员的中国军人，甚至有可能是在街头遇见的一个中国游客，或者突然到他们的小镇上开设商店或者矿厂的中国商人。这个时候，点就会替代面，一个人会感染一群。一个普通的中国留学生、游客或者商人，在不经意间，就会给一群对中国无所了解的外国人留下深刻的印象。就像在一张白纸上滴下墨滴一样，哪怕只是小小的一滴，就可能集中了那个外国人对中国全部的目光。你不要怪外国人不理性。对大多数外国人的生活来说，中国就是一个话题。中国在外国人眼中的形象永远伴随着话题性。

这也是为什么我们会被外国人问到各种各样带有政治色彩的问题。

---

① *Comparing Global Influence: China's and U.S. Diplomacy, Foreign Aid, Trade, and Investment in the Developing World*, CRS Report for Congress, August 15, 2008. http://www.fas.org/sgp/crs/row/RL34620.pdf.

讲好中国故事，没有那么简单

外国人在报纸上和生活中接触到的零散信息，与中国的四种图景发生随意的化学作用，成为他们解释现实问题的归因。美国的工人失业，是因为中国；日本和印度为什么要发展军事力量，是因为中国；第三世界国家政府的腐败，是因为中国企业行贿；朝鲜和伊朗"不听话"，是因为中国的支持；美国的保守基督教徒在讨论妇女堕胎的伦理，而中国竟然还有冒天下之大不韪的一胎政策；中国一边是世界经济复兴的希望，一边又是南海纠纷的肇事者。中国在各种话题中以各种面貌出现，变成各种问题的由头，装点了西方媒体和政客的说辞。在这中间看不出统一的逻辑，尽是零散的描述、相互矛盾的观点和未经深思熟虑的判断。

这就是中国形象的话题性特征。对这个现象一言以概之就是：在中国问题上，漠不关心的大多数很容易就成为被影响和塑造的大多数。而相关影响的因素是如此复杂、分散和偶然，如果要分析的话，恐怕只能依靠今天最流行的"大数据"。而解决的办法，也只能是用"大数据"对"大数据"，靠广大中国人复杂、分散和偶然的国际交往，去一点一点、润物细无声地改造中国的形象。这也就是为什么当代中国公共外交的积极倡导者赵启正先生会说："每一个中国人，都是一张活生生的中国名片。"

第二章

中国形象的成因

一、历史留下的印记

"第三世界""新兴市场""东方文明"和"超级大国"就像是四把钥匙，可以帮助我们更清楚地解析外国人眼中的中国。灰色图画、绿色图画、黄色图画和红色图画，交织成色彩斑杂的中国形象，也可以组合成为"中国威胁论""中国责任论""中国崩溃论""中国模式论""中国原因论"等等论调。但这四幅图画本身既是答案，更是问题。跟生活中很多复杂的事情一样，谜底背后往往包含着更大的谜题。

最明显的问题是：这是几幅自相矛盾的画面。中国到底是新兴的还是古老的？到底是落后的还是发达的？到底是全球化、现代化的，还是神秘的、与众不同的？是本质脆弱、需要帮助的，还是能量巨大、值得恐惧的？

从外国人那里得来的答案让人尴尬：中国都是。

但这样一个让人尴尬的答案，怎么能组成一个连贯的、合理的中国形象呢？

我发现还需要对这四幅图景做更多深入的剖析。我找到了三个角度，可以解释这四幅矛盾图画同时存在的原因：历史、认知心理，还有中国国情本身。这三个方面实际上向我们揭示了：外国人是如何对中国形成这样复杂而矛盾的看法的？

先从历史说起。

列宁曾经说过："忘记历史等于背叛。"但实际上历史并不像我们想像的那样容易被忘记。许多看起来已经被忘记的历史，却在现实生活中保留着不易察觉、深入骨髓的印记。

同样，"东方文明""第三世界""新兴市场""超级大国"这四幅图景，根植于西方与中国接触的近千年历史之中。历史的回忆，直到今天仍然留下印记。

1."东方文明"的震撼（13 ~ 18 世纪）

前面我说过大多数外国人并不在意中国。可是在古代历史上，欧洲人曾经有一段时间非常在意中国。他们在意中国的原因，跟今天一些中国人或多或少地在意西方相类似：因为那里代表着"美好"。

公元 12~13 世纪的时候，欧洲人生活在中世纪的末端。很多中国人都听说过欧洲中世纪，但其实中国人很难真正理解中世纪，因为我们没有真正经历过那样的历史阶段。中国历史有过许多苦难悲惨的时期，但是惨到像欧洲中世纪那样的，石器时代以后就再也没有过。简单地说，当时的欧洲从希腊罗马的高等文明近乎退化到了丛林式的野蛮状态。好几百年的时间里，欧洲从各国国王往下，到各级贵族、骑士，再到最底层的农奴，全过着枯燥、无意义的生活。唯一的书籍是圣经，唯一有知识的地方是教会，唯一有意义的人生目标是虔诚信仰等待世界末日，最激动人心的军事活动是"十字军东征"。而从无谓地屠杀生命方面来看，十字军东征和当时肆掠欧洲的黑死病并没有本质上的不同。那是一个生产力低下、文化荒芜的社会。时间长了，欧洲人连文明本来是什么样都忘却了。

然而，正是在全欧洲的贵族们以"十字军骑士"的名义冒死奔赴东方，抢夺位于亚洲的基督教圣城耶路撒冷的时候，他们撞入了另一个天壤之别的世界。除了东方拜占庭帝国保存下来的古希腊的典籍（这唤醒了后来的"文艺复兴"），他们最受震撼的就是阿拉伯人手里精美的东方商品：瓷器、丝绸，各种美轮美奂的手工业品。这些眼花缭乱的商品告诉欧洲人：原来人生可以过得这么美好、这么富足、这么享受。而这些商品大多数来自中国。

对中国商品的渴求，对东方文明的向往，成了欧洲走出中世纪的强大心理动力之一。1477 年，《马可·波罗游记》在欧洲出版，描绘了犹如童话般的完美世界。而差不多同时，历史用它惯常的方式开了一个玩笑：从欧洲通往东方的贸易商路被新崛起的奥斯曼土耳其帝国切断了——这意味着欧洲人突然买不到中国商品了！通往美好世界的大门对欧洲人刚刚打开一条缝，就骤然关闭了。

"到中国去！"这个想法成了当时欧洲新航路开辟的初始动力，带给了哥伦布发现美洲的机缘，也促使英国殖民者不断沿着美洲"新大陆"的河流向东探索，希望跨过北美洲继续寻找中国——他们由此建立了广大北美殖民地。这些殖民地在近 200 年后独立成为美利坚合众国。可以说，如果没有中国和东方世界的诱惑，欧洲的殖民史和今天世界的版图都将改写。

除了热衷与中国的商品贸易，当时的欧洲同样热情地渴望和赞美中国的科技、制度和文化。随着明朝来中国传教的传教士利玛窦撰写的《中国札记》等见闻录的问世，在全欧洲范围内，刚刚过上点好日子的欧洲贵族们掀起了对中国风俗的追捧和模仿之风，就像今天中国的富豪新贵们热衷于欧洲的马术和高尔夫球一样。当时，连称霸欧洲的法国"太阳王"路易十四，也穿上了中国的服装，坐上了中国的轿子。在英国，一代宗师弗朗西斯·培根在他的《新工具论》中写到了印刷术、火药和指南针——这成了后来人们谈论中国"四大发明"。这些神奇的发明让中国人在科技方面也成为欧洲人的偶像。至于"法兰西思想之王""欧洲的良心"伏尔泰在启蒙运动的高潮中用近乎狂热的口吻写道：

"（中国是）举世最优美、最古老、最广大、人口最多而治理最好的国家……（中华民族是）全世界最聪明、最礼貌的一个民族。"[①]

这些历史经历和学术经典，持久地西方人心中打下了烙印。无论后来中国怎样衰落，无论后来西方对中国怎样侵略、欺凌和贬损，中国也始终没有在西方人关于"伟大"的记忆中抹去。中国的一举一动，都会牵动世界的神经。许多人即便没有理由，也会无端相信：中国之继续存在，便要改变世界。

2."第三世界"的烙印（18世纪至1978年）

就在伏尔泰的声望在欧洲如日中天的时候，法国的另一位启蒙哲学巨匠孟德斯鸠却写下了这样的文字：

"我们的传教士告诉我们，那个幅员辽阔的中华帝国的政体是可称赞的……但是我不知道，一个国家只有使用棍棒才能让人民做些事情，还能有什么荣誉可说呢？"[②]

在当时的年代，孟德斯鸠的名望也许远逊于伏尔泰。但是可能连他自己都想不到，他描述中国的修辞方式会对后世有多么巨大的影响。直到今天，诸如"专制"和"棍棒"这样的修辞还在被用来描述中国，而伏尔泰式赞美已经有三百年没有听到了。其实，当时的孟德斯鸠并不了解中国，甚至对中国也没有真正的偏见。他只是想打个比方，证明如果

---

① 伏尔泰：《哲学辞典》（王燕生译），北京：商务印书馆，1991年版，第91页。
② 何兆武、柳卸林主编：《中国印象：外国名人论中国文化》，北京：中国人民大学出版社，2011年版，第30页。

连伟大无比的中国都因其专制而失去荣光，那么欧洲大陆上的国王们天天鼓吹"君权神授"，就更不用说是多么可耻可鄙。孟德斯鸠的策略是通过打倒东方偶像，来提出拯救西方的药方："三权分立"。他为自己的书写下了被后世列入经典的名字：《论法的精神》。

历史就在这一刻，在伏尔泰和孟德斯鸠神情激昂的脸庞中交错。伏尔泰想用中国做标杆，震撼欧洲的愚昧与落后；孟德斯鸠也用中国做反比，刺激欧洲的改革与进步。伏尔泰和孟德斯鸠的时代过后，中西方关系就发生了剧烈的轮转，伏尔泰式的中国将越来越被孟德斯鸠式的中国所替代、淹没，中国形象以另一种方式在西方人的头脑中定格。

同一时刻，地球另一端的中国人完全不明白欧洲人在想什么、做什么。康熙皇帝正在统治着如日中天的大清王朝，他和他的子孙雍正皇帝、乾隆皇帝，都还暂时感受不到这个世界有什么值得担忧的变化。这是中华帝国最后一段无忧无虑的好时光。今天的中国人特别喜欢看关于这三个皇帝的"宫廷戏"和"穿越剧"，也许是想"穿越"回到古老中华帝国最后一段荣光吧。

很快，历史迎来了决定性的转折点。欧洲工业革命爆发，西方的力量急速增长。1793 年，工业革命高潮中的英国首次正式遣使访华。暮年的乾隆皇帝虽然拒绝了英国人通商的请求，但也热情地接待了马噶尔尼所率领的使团，使得代表团在中国境内长距离旅行、考察，深入了解和记载了当时中国的国情。马噶尔尼使团所带回去的中国游记和《马可波罗游记》一样，在中外关系史中具里程碑的意义。马可波罗塑造了神话，而马嘎尔尼把偶像推倒。1840 年，尽管经过激烈的争吵和反复犹豫，英国议会决定派出由工业机器武装的军队，向中国发出最高的挑战。

战争的结果扫光了中华帝国最后一点残留的尊重。一场战争的失败又招来连绵不绝的战争，中国陷入了近代民族屈辱的泥沼，苦苦挣扎呻吟。从"东方睡狮"到"东亚病夫"，延续 500 年的中国"偶像剧"不但在西方世界落幕了，也在亚洲深受中国文化滋养的东方国家落幕了。上海英租界的公园门口竖起了那块著名的牌匾："华人与狗不得入内"；当时还在积极吸纳全球移民的美国将华工作为劣等民族排斥和驱赶；日本开始普遍地改称中国为"支那"，还幻想自己挺身而出、接过中国的权杖，谋划起了"大东亚共荣圈"的"新东方秩序"。中国主导了上千年的东方世界秩序崩塌，被并入到西方所主导的新世界秩序中去。

这一时期世界对中国的看法，首先是国力衰败和经济落后。国力落后的原因，往往被归结为孟德斯鸠语式下的顽固、封闭和专制。而中国为何如此顽固和专制？许多人说，因为中国文化是腐朽的，国民性是低劣的，中华民族是不能适应现代化要求的劣等民族。

这种对中国从力量、到制度再到文化的三重落后印象，不仅在外国人中有，也影响到许多中国人看待自己国家的方式。短短几十年内，一个伟大的国家变成了一个衰败的国家，最自豪的人民变成了被贬损和伤害的人民。此后中华民族的百年抗争，包括清朝末期的挣扎与改革、民国时期的革命与抗战、新中国的建设与发展，都是为了一节节打破这个"落后三段论"，洗刷民族耻辱，重建现代中国的形象。这段历史的影响如此深刻，也构建了中国人基本的世界观。可以说，直到今天，只要西强中弱的格局没有被彻底改变，中国很多方面的落后形象就将继续存在。

3. "新兴市场"的兴起（1978 ～ 2008 年）

天下大势，其兴也勃，其亡也忽。新中国建立以后，中国取得了独立的国家地位，外争主权，内求发展。1978 年以后，中国开始改革开放，中国经济取得持续、快速的增长，成为世所瞩目的新兴经济体。

中国的改革开放开始于 1978 年。但就中国新时代形象的转折点来说，恐怕要肇始于 1972 年。上世纪 70 年代之初，中华人民共和国处在内忧外患的最危险时刻。美国和苏联两个超级大国在冷战，中国却跟两个超级大国都打过了"热战"。中国的形象在世界两大阵营都被贬至最低点：不论在西方还是在苏东集团，在政治攻击和媒体渲染之下，中国落后、封闭、专制、好战，甚至疯狂的反面形象都达到顶峰。1972年尼克松访华是中国与西方改善政治关系的转折点。此后，一扇关闭已久的大门缓缓打开，世界各地的政治家和商人从门缝中窥见了新的曙光：在世界经济的危急时刻，一个近10亿人口的巨大市场意味着什么？

在这个答案的诱惑之下，尼克松前脚离开中国，20多个西方发达国家后脚即恢复与中国的正常外交关系。在日本，战后史上在位时间最长的首相佐藤因其反华形象被国内果断抛弃。中日建交之后旋即开始谈判、建立长期贸易协定。期间面对来自台湾方面的压力，新上台的日本外相大平正芳说了一句狠话："即使粉身碎骨，也要签订日中航空协定。"①

这些国家都赌对了。1978年，中国正式实行改革开放政策，中国市场迅速成为世界上最赚钱的资本圣地。全球经济开始了一场30年的中国盛宴。同时，中国也获得了巨大得发展。现在，每年有近3000万人次外国人来到中国，除了短期游客，其中绝大多数都是为了到中国市场来淘金。全球各地孔子学院学习汉语的外国人，大多数把汉语看作扩展他们未来工作机会的谋生之技。但目前为止，中国市场而不是中国文化，是吸引外国人与中国接触的最大动力。

回过头来看，恐怕连尼克松、大平正芳那一代人也没有真正想到，中国经济后来会爆发出如此巨大的能量。从1978年至2015年，中国的国内生产总值由3645亿元增长到676708亿元，成为仅次于美国的世界第二大经济体。2008年，美国著名作家法里德·扎卡利亚在《后美国世界》中写道：

"30年来，中国经济以平均9%以上的速度增长，这是有史以来主

---

① 刘江永：《大平正芳的人生与中日关系——纪念大平正芳诞辰一百周年》，《史学集刊》，2010年第5期，第24页。

要经济体的最快增长速度。这一切使中国成为一个独一无二的国家：世界上最大的国家、增长最快的主要经济体、最大产品制造国、第二大消费国和最大的储蓄国。但中国不会取代美国成为世界上的超级大国……可是，中国正在一个又一个领域成为世界第二大国，这将为国际体系注入新的因素。"①

扎卡利亚所描绘的这个中国，代表着当前世界各地的精英人士对中国的最主要印象。他的这本书在中国出版以后，封底贴上了一张醒目的照片。照片上美国时任总统奥巴马正拿着这本书走向"空军一号"。像奥巴马和扎卡利亚这样的外国人，正在用新的语言方式描述中国。这样的语言方式在伏尔泰和狄德罗的著作里似曾相识，但在今天又有着全新的况味和意涵。

4. "超级大国"的迷思（2008 年以后）

不知道奥巴马有没有仔细读这本《后美国世界》。实际上，书的名字蕴含着微妙的政治含义。在 2008 年金融海啸之后，美国人体会到普遍的危机感。激发和利用这种危机感，是奥巴马和特朗普等政客得以在美国政坛异军突起的最大法宝。而中国是激发和转嫁美国民众危机感的最佳对象。

2010 年 1 月，中国的经济总量即将成为世界第二，时任美国总统奥巴马在他上台以后的首个年度国情咨文中用充满危机感的语气说："没有任何理由只有欧洲、中国拥有全球速度最快的高速铁路，或是生产清洁能源产品的新工厂。"② 这样的话很不同寻常。几百年以来，中国已经好久没有在科技领域和欧洲并列，并被西方大国的领袖羡慕地提及了。

---

① 法里德·扎卡利亚：《后美国世界》（赵广成、林民旺译），北京：中信出版社，2009 年版，第 99–103 页。

② "Obama's State of the Union Address", *The New York Times*, January 27, 2010. http://www.nytimes.com/2010/01/28/us/politics/28obama.text.html?pagewanted=all .

美国应该怎么看待中国？奥巴马明确地把中美关系称为"是世界上最重要的双边关系"。在英文的表达里面，"最"后面往往加上"之一"，但细心的媒体发现，奥巴马总统有好几次都没有加"之一"。英国、日本、加拿大或者俄罗斯人似乎也并没有因此而感到不满。全世界都承认中美关系是世界上最重要的双边关系，没有之一。2013年5月，中国新任国家主席习近平顺访美国，和奥巴马总统进行"庄园会晤"。会面结束后，奥巴马送了习近平一把双人木椅，两个领导人并肩坐在木椅上合影留念。很多外国媒体认为，这是中国和美国共坐世界头把交椅的象征。

在近几年国际关系的微妙气氛中，国外的官员、学者和记者，似乎都在刻意避免直接把中国称为"超级大国"。可是，国际上舆论的方向，却日益向迎接一个新的超级大国做准备。

全球金融危机爆发后的某一天，一位在外国航空公司做空姐的朋友专门打电话给我，说在从阿姆斯特丹飞往北京的航班上，有两个荷兰乘客问她："听说中国是跟美国一样的超级大国，是这样吗？"我这个朋友从来没有想过这个问题，这样的问题让她感到很震惊。

"是这样吗？"她问我。

和很多关于中国的问题一样，这个问题也在一时间让人难以作答。那一刻我感到，中国作为"超级大国"的图画不再是部分西方政治家的外交辞令、学者的假想和媒体的炒作。它开始渗入到民间，引发国内国外对中国未来形象的普遍迷惑。可是这样的图景对世界意味着什么，对中国又意味着什么，多数人都并不清楚。我只知道，世界上抱有这种看法的外国人越来越多，可是了解和赞同这一看法的中国人却很少。这将加大中国人和外国人沟通中的困难。

"东方文明""第三世界""新兴市场"和"超级大国"，在今天都体现着中国的形象。它们是不同历史时期中外关系在今天的投影。因此，我们要理解中国的形象，就要首先知道，历史用很多方法在默默延续着它惊人的影响力，通过几百年前启蒙运动巨匠写下的经典，通过中学和大学教科书，通过各种媒体和政治家的发言，也通过口口相传和道听途说。信息化时代，有的地方变得很开放，有的地方却仍然很封闭，陈旧的印象坚固难移。中国的四种图景发轫于西方的主流话语之中，造成了世界性的影响。但是，无论不同国家的各种人把中国描绘成多么五花八门的样子，也可以从历史的记忆中寻找到玄机。

二、认知心理的影响

中国的形象根植于过去的历史。我们经常把过去形成的印象称为"成见"，或者称为"刻板印象"。今天，我们能感受到外国人对中国的很多"刻板印象"。而且我们发现，印象一旦"刻板"了，要抹去就很难了。

我见过很多外国朋友，因为先入为主的历史认识，总是把中国想像得过度落后。因此，他们第一次到中国的时候，从走进机场开始，往往就会感到惊奇。每次看到他们的样子，我既感到有些滑稽，心里又有几分得意。这样的事情发生多了也就见怪不怪了。

可经常让我疑惑不解的是，其中有些外国朋友对于中国的状况有了亲见亲闻之后，往往并不会立刻接受和承认中国的进步。相反，他们似乎更愿意去寻找中国在政治制度、社会发展和文化习俗方面的落后，去印证原来脑海里熟悉的中国形象。眼前崭新的中国让他们感到不安，头脑里熟悉的中国才让他们感到舒心。

不过我也见过相反的例子。有些外国朋友看过了北京、上海的繁华，回国以后就到处宣称中国是"超级大国"。这个时候再带他们去看中国落后的西部农村，他们也视而不见。把中国描绘得很强大，似乎也有一种依赖症。

为什么外国人对中国总是有一些顽固的曲解，以至连眼见都不再为实？

传播心理学理论中有一个著名的"镜像理论"：你眼里看见的他人，实际上是镜子里的自己。别人是你认识自己的一种方式。那么同样的，大多数外国人眼里看到的中国，实际上是他们自我看法的一种反射。

如果镜像理论是对的，那么外国人眼中的中国形象就不可能客观。换句话说，要让外国人不偏不倚地、"科学地"认识中国，本身就不符合科学道理。

镜像理论，可以帮助我们解释围绕在中国形象上的矛盾看法。前面讲到过，法国启蒙运动的巨匠伏尔泰和孟德斯鸠在同一个年代写下截然相反的关于中国的文字。伏尔泰说中国人是"最聪明、最礼貌的民族"，孟德斯鸠说中国是"世界上最会骗人的民族"。

如果按照普通的逻辑，他们两个必有一个人说错了。可是事实是，他们都没有说对，或者也可以说，他们都没有陈述事实。他们都没有到过中国，对于中国的印象都是来源于阅读别人的记录或者道听途说。在18世纪的最初十年间，欧洲出版了几百部关于中国的著作，但其中很少有作者真的到过中国。在那个时代的技术条件下，到中国走走是专属于海盗和商人的冒险事业。在贵族的沙龙和城堡里著书立说的思想家很少会踏上通往大洋的帆船。

那么，如果伏尔泰和孟德斯鸠生活在今天，买张机票就会很方便地来到中国，他们会来看看吗？有可能也不会。今天在西方的大学里大谈中国的学者，很多也没有到过中国。跟伏尔泰和孟德斯鸠一样，外国人所说的"中国"，不是我们脚下这片真实的土地，而是他们自己国度的一个倒影。他们说的中国，与中国无关。

中国人有伏尔泰说的那么好吗？应该没有。伏尔泰只是想用"没有迷信，没有荒诞的传说，也没有凌辱理智和自然界教条"的儒家社会，来批判在基督教严酷精神压制下的欧洲。或者用同时代德国哲学巨匠莱布尼茨的话来表达更清楚一些："我们需要来自中国的传教士，他们将向我们传授自然宗教的用途和方法。"[1]中国的作用不过是扮演了启蒙运动"传教士"手中的偶像，被用来震撼和涤荡欧洲人的思想心灵。

中国人又有孟德斯鸠说的那么坏吗？康熙皇帝统治下的大多数中国人，如果没有参加"天地会"、在脚底板刻上"反清复明"，基本上可以做到安居乐业，不会每天感到"棍棒下无所不在的恐惧"。中国商人常常过于精明，但也最多不过是"在商言商"而已，"最会骗人的民族"也不知从何说起。类似的词汇在欧洲也常被拿来形容犹太人。但犹太商人再狡猾，也最多不过贩卖过一些谎言——至少他们没有大规模地贩卖过黑人奴隶，也没有建立过集中营，对别的民族进行种族大屠杀。这样的语言都是不公正的。

可是孟德斯鸠关心的本来就不是对中国的公正，而是欧洲社会的公正。他带有种族偏见的思想，代表着欧洲正在技术和社会变革中勃勃兴起、渴望重新定位自己的激进年代。从伏尔泰到孟德斯鸠，中国的形象大变脸。可是在那个时代发生激变的不是古老、成熟而缓慢的东方中国，而是新兴、自信而冲动的欧洲。

以己度人，因人言己，这样的思维方式亘古未变。到了今天，外国人眼中的中国，很大程度上仍然是他们自我主张的映射。这其中形成的偏见，有时候顽固到了滑稽的程度。比如，许多外国人看过李小龙的电影，认为中国是功夫的世界，每个中国人都会功夫。功夫代表了他们心灵深处的童话世界。也许每个人心里都需要一个童话世界。因而一些外国人到了中国很多次，还没放弃寻找中国的功夫。没有人愿意让自己守望的童话破灭。

还有外国人告诉我，他来中国之前，想像中国人都穿着一样的制服，

---

[1] 法里德·扎卡利亚：《后美国世界》（赵广成、林民旺译），北京：中信出版社，2009 年版，第 113 页。

有着一样的发型，整个国家像一个精密而沉重的巨大机器，每个人就像一个小齿轮一样在其中沉默地转动。我告诉他，这不是中国，这是乔治·奥威尔笔下的"大洋国"。就像在中国，也有一些人认为每个美国人的卧室里都放着一把枪一样。这也不是美国，这是好莱坞的电影。这些可笑的想象不能归罪于电影和小说，而实际上根植于我们人性中对于"其他世界"的幻想和认识方式的偏颇。

这种拿别人照镜子的思维方式会导致对同样的事物缺乏客观的认识标准，从而加大沟通的障碍。比如，中国人认为自己的国家是热爱和平的，美国是崇尚暴力的。这种印象通过美国在全世界发动的战争得到巩固。可是美国人却认为世界缺乏秩序，需要有人站出来维护规则。作为世界上最强大的国家，美国对此责无旁贷。他们的对外军事行动，是以士兵生命为代价，担负起为世界其他国家受压迫的人民送去和平与民主的责任。中国人眼中的霸权是坏的，美国人眼中的霸权是好的。中国人批评美国是世界警察，美国人却以为这是在表扬他们，恨不得说：谢谢，这是我们应该做的。

这种认知心理也会阻碍人们对事物形成客观全面的认识，从而做出错误的判断。比如西方人自豪于自己的民主，就把中国想像成跟中世纪欧洲那样的专制，于是用一种"先进"对"落后"、"现代"对"原始"的眼光俯视中国。实际上，即便是在漫长的帝国时代，中国的皇帝跟欧洲罗马帝国后期的军事"暴君"，或者路易十四那样"朕即国家"的绝对君主也有着许多区别。中国的皇帝从小就学习如何节制自己的权力，保持对被统治者的敬畏。在广大的农村和城市，大多数中国人生活在本地家族所规范的法统秩序中。中国的精英阶层很早就不以家庭和血统划分。通过严格而公平的考试制度，平民阶层也有可能进入统治阶级。不论是统治者还是被统治者，都相信前者必须对后者负责，否则就要被推翻。

换句话说，中国不只有西方式"君权神授"，也同时有中国式的"民权天授"；不只有西方的王权专制，也有中国式的任人唯贤。这些儒家政治传统对理解当代中国政治仍有帮助。可是大多数西方人并不知道这些。他们眼中的中国，是三百年前的自己。所以，看到中国就仿佛看到西方自己几百年的进步；中国的落后是一面绝佳的镜子，映照出着西方的成功。

> 在中国，腐败的统治很快便会受到惩罚……中国的皇帝所感悟到的和我们的君主不同。我们的君主感到，如果他统治得不好的话，则来世的幸福少，今生的权力和财富也要少。但是中国的皇帝知道，如果他统治得不好的话，就要丧失他的帝国和生命。
>
> ——孟德斯鸠[①]

西方在镜子里照出的中国可能过度的坏，也可能过度的好。2008 年全球金融危机沉重地打击了西方的自信。在对金融危机的深刻反思中，西方人的自我认识也开始出现微妙的转变。2011 年的伦敦骚乱、美国的"占领"运动和遍及欧洲各国的连续罢工潮，是这种自我怀疑情绪的集中爆发。

当西方怀疑自己的时候，他们开始用另一面镜子照映中国。2012 年2 月 16 日，美国《纽约时报》网站发表了一篇文章："为什么中国的政治模式更加优越？"[②] 这是一个惊人的标题。要知道，这种标题出现在西方主流媒体之上，恐怕要回到整整 300 年前。

如果仔细梳理，我们会发现近几年来世界各地盛行着不少关于"中国优越""中国模式"的言论。中国媒体喜欢把这些文章转载过来，中国读者则以惊奇的眼光看待这些评论。五年前，中国还是被指责的对象，现在国外的媒体又在说中国代表了未来。最诡异的是，在国外的媒体上，

---

① 何兆武、柳卸林主编：《中国印象：外国名人论中国文化》，北京：中国人民大学出版社，2011 年版，第 31 页。

② "Why China's Political Model Is Superior", *New York Times*, Feb. 16, 2012, http://www.nytimes.com/2012/02/16/opinion/why-chinas-political-model-is-superior.html.

中国居然既代表落后又代表未来，同时走向成功和崩溃。

中国人对国际上这些矛盾的说法深感疑惑。如果我们知道自己多数时候只是一面镜子，我们就不会那么奢求外国人的绝对公正和理解。公平一点说，其实中国人对外国也不理解。中国最喜欢美国的人往往没去过美国，最讨厌日本的人往往没去过日本，最同情萨达姆和卡扎菲的人，甚至在地图上都找不到伊拉克和利比亚。

真是有趣，人类都喜欢用镜子，而不是望远镜或显微镜，来观察别的事物。因而，当外国人和我们谈论中国问题时候，我们要首先意识到中国可能正在扮演镜子的角色。外国人会问关于中国的问题，但有时候他们并不需要真正的答案。他们真正的问题，往往与中国无关。正因为这种普遍的认知心理，在后面的章节中我会不断强调，讲好中国故事的第一步永远是倾听和理解，搞懂"外国人为什么关心这个问题""他原本对这个问题怎么看""他为什么这么看"，才能抓住对方真正的疑惑。但即便如此，我们也很少能通过一番话让外国人"醍醐灌顶""拨云见日"。要影响外国人的看法，往往需要零散、持续和长时间的接触。有的问题不必争执，有的问题甚至不必回答。在跨国沟通中，"我懂你"的感觉比"我说服你"更重要。

三、中国特殊的国情

外国人眼中的中国，往往是他们想要看到的中国。中国的形象因此矛盾丛生。那么我们中国人自己眼中的中国，是什么样的？

如果我们仔细思考这个问题，可能会遭遇更大的尴尬：我们自己对中国的理解，其实并不比外国人清楚多少。

前面我用四幅图景来分析外国人的中国印象。这些图画之所以相互矛盾，并不完全是由于外国人对中国的成见和偏执。因为就连中国人对自己国家的看法，也呈现出种种矛盾、变化和分裂。

生活在中西部广大农村的中国人，很大程度上会认可"第三世界"的灰色图画。如果我们坐火车穿越中国的土地，而不是坐飞机从一个城市跳跃到另一个城市，就可以看到中国农民的家园。但我们需要睁大眼睛，朝车窗外仔细观察，因为他们的家往往半埋在铁道边荒凉的黄土坡之中，与苍茫的土地混为一色；或者坐落在火车从高山隧道钻出时一闪而过的半山腰上，像一座孤悬于现代文明之外的荒岛。

中国还有一些地方的人生活在绝对的赤贫之中。这些中国人多半不会看到我们这本书，跟我们一起思考外国人怎么看中国；也没有机会在网络上讨论钓鱼岛问题、中国足球和讨厌的房价。在中国许多偏远的乡村和山区，生活仍然处在农业时代。

跟这些中国的农民或者山民站到一起，没有人会说中国是崛起的超级大国。落后的农村生活着中国将近一半的人口。[①] 中国的城市居民不少人也是若干年前从农村移居出来的，对那里的生活有着难以磨灭的回忆。这种现实让许多中国人坚信中国是一个第三世界国家。2015 年这个国家的人均 GDP 排在世界的 76 位，在发展中国家里面，也只是属于中等。如果说中国在发展中国家中间有什么特别之处的话，就是更大、更复杂，因而中国的问题只会更麻烦、更艰难。

读着这本书的读者多数已经生活在"新兴市场"的绿色中国之中。宽泛一点说，中国所有的城市和东部沿海的大部分乡村，都已进入一个飞速发展的工业文明。尤其是在中国的上百座大中城市里，数以亿计的人享受着现代化的城市生活。他们相信个人成功，追求财富；他们出国

---

① 1978 年中国的城市化率为 17.92%，2000 年为 36.22%，2010 年为 51.3%，2015 年已经达到 56.1%，参见国家统计局网站，网址：http://www.stats.gov.cn/tjsj/ndsj/2015/indexch.htm。

旅游、消费奢侈品、上网冲浪、发微博、刷信用卡购物；苹果手机、宝马轿车和爱马仕女装都在竭力扩张中国市场；中国的城市生活与世界上所有现代化城市的生活没什么两样，除了更新、更大，节奏更快、更有活力。

在这个新兴的中国里，年轻人在网络上一边谈论民主，一边批评美国，同时又计划尽快到欧洲旅行或者读书。越来越多的中国新生一代对现代城市生活习以为常。许多人为国家的成就感到自豪，越来越不能接受国际上对中国尊严的挑衅。不少人在某些问题上激烈地批评政府和社会精英，同时激烈地互相批评。伴随着发达的城市经济，一个蜕变的、多元的、活力四射的市民社会也在孕育。

比起"新兴市场"的中国来，"古老文明"的黄色中国不易发现，却又无处不在。四合院和京剧剧场在减少，但是中国人的传统特质却仍然强烈。一个生活在"第三世界"的宁夏农民和一个生活在"新兴市场"的上海市民，都共享着中国人的特质。强大的传统文化把中国人始终凝结为一个整体。

今天，古老的文化在中国重获生机。许多中国人开始转身寻找"丢掉的传统"。近代以来被一次次批判打倒的古典文化的价值，在今天的中国重新拥有了广大的市场。那些用现代的语言介绍中国古典哲学和历史的书籍成了最成功的畅销书。历史剧、古装剧也在各个电视台的黄金时段泛滥。除此之外，还有许多有识之士甚至想在古典传统中挖掘出中国未来进一步改革和发展的希望，在学术界，"新儒学"成为了受人关注的新学科。①

在中国人眼里，跟前三幅图景比起来，"超级大国"的图景大概是最少有人认同的。不要说许多中国人对于曾经农村贫困生活的深刻记忆，

---

① 李翔海：《五四新文化运动与民族文化传统关系问题再探讨——以20世纪儒家思想的新开展为例》，《教学与研究》，2003年10期。

即便是在发达的城市，中国人也往往更关注新产生的"城市病"：堵车、高房价、社会不公、弱势群体、社会道德丧失、环境污染。电视、报纸和网络上，这些话题吸引着持续和强烈的关注；相比之下，第一艘航空母舰的下水和新型战机的试飞，也不过是一时振奋的新闻罢了。

今天的中国市民，好像 19 世纪 80 年代、20 世纪 20 年代和 20 世纪 60 年代的美国市民的合体。他们一面热烈地追求着市场经济带来的个人经济成功，一面想积极改造金钱泛滥社会中诞生的丑恶、无序和失德。最后，他们还对这一切抱有某种厌倦和迷茫的文化情绪。对于处在这种状态的中国人来说，超级大国？太遥远了。

因而在这个层面上，外国人眼中的中国形象和中国人眼中的自我形象之间，存在着一道鸿沟。就像中国人所说的，要"韬光养晦"；中国人制造着新的航母，却喜欢谈论美国有多少个航母编队群；中国的经济总量超越日本成为世界第二，中国的媒体却总念叨自己的人均 GDP 还只是和非洲小国并驾齐驱。

中国的这种行为方式，让外国人感到疑惑。一些外国学者分析，这是因为中国人有巨大的野心和长远的筹划，或者有一种"金牌文化"——正如参加奥运会一样，中国人只对金牌感兴趣，拿到第二名也算失败。如果是这样，那么中国超越日本当然不算成功，超越美国才算成功。中国人对自己的期望只能是世界第一。

中国人到底是怎么看待自己的？中国的意图到底是什么？打开网络，看看每天在论坛和微博上上演的混乱的争论，没有人能从中看出什么长远的计划和清晰的目标。在中国，我们可以找出四幅图画，也可以找出四十幅图画，没有长远的计划，没有统一的答案，没有简单的逻辑，更没有完全的共识，唯一有用的概括是：复杂，像欧洲一样多元，像美国一样辽阔，像金字塔一样古老，像一千个迪拜那样日新月异；中国的问题是 19 世纪的问题、20 世纪的问题和 21 世纪的问题的集结；中国面对的挑战是非洲面对的挑战、印度面对的挑战、华尔街面对的挑战、布鲁塞尔面对的挑战和克里姆林宫面对的挑战的合体。

所以，要跟外国人解释中国，确实很难。首先并不难在外国人的成见和偏执，而是难在中国的国情太过复杂。我们生活在这样一个复杂、多元和快速变化的国家，我们对自己国家的看法也是复杂、多元和快速变化。如果每个人都是中国的一张名片，那么每张名片上的中国可能都不一样。

所以，我更欣赏赵启正先生的另一个比喻：中国如果是一本大书，每个中国人都是其中的一页。每一页都不太一样，但没有关系，因为翻过这本书的外国人，至少可以理解中国的复杂。复杂就是当前中国最大的真实。外国人了解了中国的复杂，就开始认识到了真实的中国。

而每个中国人不要小看了自己这一页。实际上，大多数外国人一生只有有限的接触到中国人的机会，他们只能翻看到中国这本大书的几页或者几十页。他遇到的这几个或者几十个中国人，对他来说就是中国。如果他接触到的中国人是偏激的，那么他对中国的印象往往就是偏激的；如果他接触到的中国人不能解释中国，他就会自己去想象和虚构中国。这种想象和虚构小则会给个人的交往带来尴尬和不便；大则会影响中国的国际形象和发展环境。

中国的形象是共同背负在每个中国人身上的，最终也会反过来影响每个人的工作与生活。今天的中国已经面貌一新，但在世界上却还没有获得真正的、普遍的尊重。真正的尊重是基于对中国文化和中国发展道路的理解、接受和认同，而不是基于对一个快速崛起的庞然大物的恐惧；真正的尊重是中国近代以来无数仁人志士奋发进取的目标，也是中国继续发展成为一个伟大国家的前提。对于我们普通老百姓来说，也只有真正的尊重，才能让浙江和广东的技术工人辛苦生产出来的科技产品，价格不再是西方国家生产的同质量产品的一半；才能让中国赴美的游客和留学生不必到美国大使馆排很长的队、忐忑不安地按下指印，以换取一张要求苛刻的签证；才能让旅居海外的中国人，就像今天居住在中国的西方人一样，可以拿到比当地人更高的薪水，或者至少可以轻松找一份教中文的工作，享受人口稀少地区的恬静与阳光。

我们要更好地和外国人沟通，就要学会讲好中国的故事。这要求我们了解外国人对中国的看法、洞察外国人看待中国背后的心理，当然也包括更多地理解中国自身。当我们被外国人问到尴尬的问题不知如何回答的时候，就应该知道：我们可能还既不够了解世界，也不够了解自己。

第三章

讲好中国故事的能力

一、公共外交的要求

中国共产党的党代会报告在中国是最高的政治纲领文件。在 2012 年中共十八大报告中写入了这么一句话："扎实推进公共外交和人文交流"。

人文交流很容易理解，就是指和国外人之间各类友好往来和文化交流。公共外交说的是在这些对外活动中有意识地增强外国人对中国的了解和信任，从社会层面巩固国家间外交关系的基础。在全球化的时代，世界各地的人们相互交往不断加深，因而很多国家都在加强公共外交的工作，在国际上提升自己国家的形象。

但是公共外交的意义对每个国家来说是不一样的。比如对于美国来说，公共外交最早是在冷战时期提出来的，当时的目的就是要和苏联争夺人心。因此那时候美国的公共外交活动很多都是在对别的国家发动舆论攻击，用思想代替枪炮，成为战争的武器。冷战结束后，美国一度不太重视公共外交。"9·11 事件"发生后，美国才突然发现世界上有很多人仇恨美国。为了反恐的需要，美国的公共外交才重新活跃起来。

韩国则是把"韩流"文化作为公共外交的品牌。韩国的电视剧、音乐等在中国年轻人中也很受欢迎。但是如果翻开韩国的政策文件，其在制定对中国开展公共外交的目标时是这样写的："提升韩国在中国民众中的形象，使他们接受韩国在历史、国际问题及朝韩关系问题等方面的主张，引导国际新闻界研究如何让中国舆论支持韩国主导下的统一。"原来"韩流"的背后也有这么明确的政治目的。

那么，中国发展公共外交是为什么呢？也不只是提升国家形象、传播民族文化这么简单。中国的形象在外国人那里复杂斑驳，各种关于中国的舆论光怪陆离，已经不是一天两天的事情了。近一百年来，中国人都想改变自己在世界上的形象，但大多数时候我们连国内的稳定和温饱问题都来不及解决，形象问题更无从惶顾。而且在国力弱小的时候，就算我们想去介绍和表达中国，在国际上也没有多少人在意。

因而，今天中国开始加强公共外交，最主要的一个背景是中国和外国的关系发生了很大的变化。这个变化是从改革开放开始的。在改革开放以前，中国和西方之间是隔绝和闭塞的，别的国家出于各自的目的来描绘中国。中国与世界就像隔着一道沉默的围墙，外国人看不进来，就在这堵围墙的表面任意地涂抹。

改革开放以后，中国重新向世界打开了大门，中国广大的市场对外国人有很大的吸引力，西方国家渴望与中国建立联系。但在那个时代，中外之间的经济关系以中国"引进来"为主。许多外资企业在中国投资设厂，因而更多的是外国人来到中国、适应中国。在那种情况下，中国的形象问题虽然存在，但普通中国人的感知并不多，形象问题带来的损失和压力也不大。

上世纪 90 年代中期以后，中国开始更加深入地对外开放。中国经济爆发出巨大的活力，尤其是私营企业和乡镇经济带动了本土制造业的发展，使中国开始成为"世界工厂"，商品对外出口的需求迅速增加。从那个时候起，不只是外国人在"走进来"，中国商品也要"走出去"。

这种新的需求反映到政策层面，就是中国加快对接国际规则，加入世界贸易组织，更便利地开展对外贸易。在这个过程中，外国人对中国怎么看，已经开始影响到"最惠国待遇"、世贸组织谈判等重大问题。但主要的谈判还是在政府间推进。普遍意义上的公共外交需求仍不迫切。

2008 年以后，中外关系迎来一个新的转折点。金融危机导致了西方的经济衰退，世界各地对中国投资的需求大大增加。中国的制造业和建造服务业开始加紧步伐"走出去"。从前一个阶段的商品"走出去"，到新阶段的投资"走出去"，是一个里程碑式的变化。因为投资走出去，就意味着人的走出去，还有管理和技术的走出去。中国人大规模地去别的国家，就要以一种外来者的身份去融入，过去积累的形象问题就很快凸现出来了，企业在跨文化沟通和管理能力方面的不足也迅速暴露。由于世界各地对中国的误解、再加上中国人普遍对外沟通能力的不足，关于中国的各种怪论不但在西方也在第三世界甚嚣尘上，甚至到了危及中国对外经济合作环境和人员、资产安全的地步。

因而，中国开始加强公共外交，背后反映了新阶段的国家利益。中国的经济要继续打开发展空间，就必须走向世界。以前中国是敞开大门拥抱世界，这是一个开放性国家；以后要走出国门拥抱世界，就是一个世界性国家。但如果世界不了解中国，甚至对中国有误解和抵触，那么中国就无法顺利完成从开放性国家向世界性国家的飞跃。

这个飞跃是国家成长过程中自然的一步，对中国来说还包含着一种特殊的、厚重的内涵。我们是一个辉煌之后饱受屈辱的国家，是一个自视甚高、必求再起的国家。中国的复兴之梦有一个脱离不了的尺度，就是中国与外部世界的关系，就是中国在世界的位置。归根结底，中国梦中包含了一个世界梦。

但这次的飞跃不再仅靠政府就能实现。为了加强公共外交，改善中国的形象，近年来中国政府提出了很多新的方针。比如对周边外交提出

了 "亲、诚、惠、容"，对非洲外交提出了"真、实、亲、诚"等等，其中的"亲"主要就是指"民相亲"。"一带一路"倡议中，也专门列出了"民心相通"的目标。国家主席习近平在上任后首次访非期间，还提出了"正确义利观"的问题。按照领导人新的思想，中国的外交不只要维护和扩大国家利益，也要讲"义"，照顾别的国家的困难，帮助别的国家发展。"一带一路"倡议，就是以带动欧亚区域整体发展为目标的。

中国政府在外交上的新举措，为提升中国的国家形象起到了重要的作用，但并不能从根本上解决问题。甚至可以说，政府在外交上无论多努力、多成功，对公共外交的推动也是有限的。

2015 年，我在非洲肯尼亚调研中国企业在当地的形象问题。有一天坐着车，走在肯尼亚首都内罗毕一条宽阔的高速路上，开车的是一位当地司机。他开着车，突然对我们中国代表团说："你们知道吗？这条高速路是你们中国人援建的。"

我们一听很高兴，觉得肯尼亚人民知道我们的援建项目，这是很好的公共外交效果。但司机接下来的一句话，让我们心一凉。他说："但是这儿没人知道是你们修的。日本人修的路，我们就知道。"

我问他为什么会这样。他说因为日本人在自己援建的路旁会立块牌子，上面写上日本援助的字样。

听完这个消息，车上的中国人就开始讨论我们光做好事不留名的美德，在公共外交中也应该反思。司机应该不太听得懂中国人在说什么。但过了一会，他接着说："你们中国援建的公路旁边也有牌子。但高速公路车速那么快，谁去看呢？""那为什么日本人立的牌子有人看？""因为日本人修的路都是乡村小路，在村口立块小牌子，村里的人进进出出，在上面坐坐歇歇脚，当然每天都会看见。"

我回国以后，把这个故事讲给一家国有企业的经理听。这家企业在国际上非常有名，经常承担中国对外大型基础设施援助项目。我问这位经理，为什么我们对外援助时不多修一些小路呢？

这位经理告诉我，国有企业承担的，都是政府主导的大型援外项目。这些项目实际上都是政府间外交的一部分，主要是为两国政府间的友好关系做辅助性工作。其他发达国家的政府也会推动这样的大型项目，目的是相似的。相比之下，中国的这些大型项目做得更成功，政治效果也更好。很多发展中国家的政府在得到中国的援助后，跟中国的关系都得到了改善。西方国家在这方面都挺佩服中国的。

问题是，一条乡村小路不会列入国家政府的合作项目。政府修了大路，谁修小路呢？发达国家的基层援助项目，不是由政府或者国有企业直接主导的，多数时候是靠企业、社会组织、志愿者，靠愿意为全球治理奉献和服务的普通人。

这个故事形成了一个绝佳的比喻。我们开展公共外交，是要获取世界人民对中国的理解和认同。连通国家间总体关系的"大路"由政府来铺设，通往更广泛、更基层民心的小路呢？恐怕要靠千千万万普通中国人。无论是中资企业的员工、参与国际交流的学者，哪怕是一个普通的中国游客，也在一个最细微和具体的层面上，改变着中国的形象。

今天中国政府在国外所铺设的"大路"已经相当畅通。但要想改变外国民众对中国的看法，只靠外交部、商务部、宣传部门和国家级的媒体是远远不够的。有些问题，政府层面的工作甚至会起到反作用。比如，以华为公司为代表的中国优秀企业想在美国市场进行并购，屡屡遭遇政治上的干涉，其反对的来源不是美国的政府机构，而是国会。一般来说美国国会议员只对选票负责。而选票的背后是民意。美国大选中的反华现象，既是政客对民意的操纵，也是政客对民意的迎合。这背后，反映的都是普通美国老百姓对于中国误解和怀疑，尤其是对中国政治的误解和怀疑。很多美国人真的相信，中国专制体制的触角无处不在，中国的企业也是中国政府伸向世界的黑手。抵制中国企业的投资，不是在商言商，而是政治斗争。

在这种情况下，中国政府再出面开展对美宣传工作，哪怕经过精心的包装，也有可能进一步成为抹黑的对象，成为证实外国人的猜测和误解的证据，效果适得其反。实际上，一切带有政府色彩的公共外交活动，都容易被抹上阴谋论的色彩。在一些政治比较敏感的国家，由政府出面与当地各阶层开展社会交往，还可能引发"干涉内政"的怀疑。哪怕只是从事最纯粹的、远离政治的公共治理事业，政府也有很大的局限。在非洲国家的乡村修一条路，中国的驻外使馆并不专业，人力也非常有限，如果不小心卷入当地的种种纠纷之中，很容易小事化大，冲击总体外交关系。因而，"小路"实在不该由政府主导去修。

因而中国要成为世界性的国家，光靠高效能干的政府是不够的，还必须要有世界性的企业、世界性的非政府组织，其中的关键，是要有具备世界级眼光和国际交往能力的人民。

因而公共外交的比拼，就是民众素质的比拼。中国参与国际交流的人要普遍提升国际交流的能力，不是光学好外语就可以的。我们还需要具备一些专门的知识和技巧。简单来说，我们必须知道外国人对中国的看法，要通晓中国的各方面国情，还要是一个懂沟通、会讲中国故事的人。

二、讲故事的方法

在公共外交的背景下，"讲好中国故事"是国家给每个参与国际交往的公民提出来的要求。今天我们都在说讲好中国故事、传播中国声音。普通的中国人和外国人交流，发出的就是中国的声音。可是，讲好中国故事并没有那么简单。会讲故事本身就是一种能力。

什么是讲故事呢？

第一，讲故事代表了一种思维方式。我们每个接受现代教育的人，从小到大经过各种学科的训练，容易形成一种思维惯性，就是要概括事物的根本规律，喜欢用总的规律来解释具体的现象。越是重大的、严肃的问题，越要形成一个明确的观点，再用完整的逻辑讲出几点论据。小到中学生的议论文作业，大到政府的工作报告、领导人的公开讲话，都是这样的思路。这是我们在讨论严肃问题时的惯性思维。按照这种思路，要跟外国人讲中国，那当然是要全面介绍一下中国的政治、经济、文化。讲中国的经济，就要拿出数据来支撑。说到中国的文化，必须从儒、释、道讲起，从几千年的传统说下来生怕讲不透彻。就算仅仅是介绍中国的某个具体问题，比如计划生育政策，也得从时代背景开始，说到政策依据，要做到有理有据。不这样讲，就感觉讲得不全面、不深刻，没法跟外国人说清楚。如果从方法论上来讲，这背后其实都是同一种演绎的分析方法，从上到下，从理论到事实。

可是按照这样的讲法，大多数普通人就不敢开口了。我们都是中国人，但多数中国人都不是中国问题的专家。就算是中国问题的专家，也不可能对方方面面都有深入研究。一方面，为了和外国人更好地沟通，我们要努力学习中国的各方面国情。另一方面，无论怎样我们都可能遇到自己不熟悉的话题。这个时候怎么和外国人谈呢？

其实，除了演绎的方法，人类在认识事物的过程中，还有归纳的方法。多数时候，我们都是从一个一个的片段开始逐步认识一个复杂的事物，把片段的认识组合起来，最后得出自己的结论。我们和外国人讲中国，老想讲个完整的道理，一下把他讲通。但按照认识的规律，我们讲完以后，外国人也未必就相信自己得到最终答案了。对于外国人来说，每个中国人的观点，只是他认识中国的一个角度，是他看到中国的一个部分。因而我们没有必要面面俱到，而只需要把自己的这部分讲好。外国人会把很多个关于中国的片段组合起来，形成他自己对中国的理解。从效果来看，这样的理解不是灌输的，而是内化而成的，反而更加牢不可破。

因此，我们要讲好中国故事，就要学会用个性化的方式来表达。中国很大，每个人都只能讲自己熟悉的事情，讲述自己切身经历过、有个人情感和思想的故事。我只告诉你我的看法。你接触到我，你看到了这一点点。你再接触到另外一个中国人，又看到一点点。虽然每个人可能讲得不一样，但其实没有关系，只有外国人自己归纳出来的东西，他才真正信服。而且至少在这个过程中，外国人可以看到很多不同的角度，明白中国是很复杂的，不能简单地做一个评判。这就是讲故事的思维方式。

这种方法既符合外国人认识中国的规律，也是对我们普通中国人来说唯一容易和可行的办法。作为单独的个体，我们着实没有能力去描绘完整的中国。中国的国情复杂、多元又快速变化，我们也不必苛求自己面面俱到。"讲故事"是教给我们一种片段式的表达方式。而这种方式在实际沟通中也更有效。

第二，讲故事也是一种语言方式。我们跟外国人讲中国，往往说到一些重大的问题，就感觉自己代表着国家的形象，讲起话来就不由自主地严肃一点、严谨一点。但其实我们不是外交部发言人，中国也不能有那么多外交部发言人。普通人代表中国形象，并不意味着我们代表国家发言。普通中国人和外国人进行的都是日常生活交流，就应该用日常生活的语言方式。

语言方式不只是一种表达形式这么简单。在传达信息的时候，它和语言的内容同样重要。比如，我们看一些食品的说明书上，往往会使用医学专业语言，还有一些法律语言，普通人可能都不完全读得懂。用语言学家的话来说，是一种由"社会语言模式"构成的"话语"，那就是：我很专业，因而我很安全。而同样的食品出现在电视广告上，却使用了很多优美的描述性语言，甚至虚构一个温情脉脉的故事吸引消费者去购买。因而用什么样的语言，在不同的环境、面对不同的听众，会起到不同的作用，因为它和语言内容一样，也在向人传递信息。

我们和外国人交流，要善于转换语言方式。在正式的公务场合，我们可以用严谨的语言。严谨的语言传递的信息，就是我现在说的话是很郑重的，代表了我的组织。但这种语言方式也传递出距离感，不容易形成亲近的情感交流。因而，在私下交流的场合，就要学会用生动和亲切的说话方式。

我们把这种说话方式概括为"讲故事"，是因为讲故事就是最有代表性的生动说话方式。我们人类从幼儿时代就爱听故事。故事用情节吸引人，用情感打动人；从小到大给我们讲故事的人是我们的母亲、亲人和朋友，给我们最强的亲近感。"讲好中国故事"，就是要用一种更灵活、生动、贴近普通人的语言方式去跟外国人说话。大多数外国人都对中国问题了解不多，一般也不具备深厚的政治学、经济学、社会学等方面的理论知识。我们如果用非常正式的语言，给他们严肃地"上一课"，他们可能不爱听，也听不懂。相反，我们给普通外国人讲个故事，用一点幽默，开两个玩笑，常常可以更好地把我们想说的观点传达出去。

第三，讲故事也是一种情感方式。讲故事和讲道理是不同的。讲故事有很多主观的感情在里面，讲道理则要靠客观的事实和逻辑。我们和外国人讲中国，不要光讲道理。实际上，多数人容易受情感的感染，而不容易受道理的说服。讲道理不如讲一个生动的故事让人感触更深。比如，一些父母批评孩子不爱做家务，跟孩子讲"一屋不扫，何以扫天下"的大道理，往往不如讲讲父母每日辛苦的故事来得效果好。其实故事背后都包含着观点，蕴藏着道理。但是当情感抵触的时候，铁一样的真理也不会被接受。

2012年初，时任国家副主席习近平访问美国时，专门到27年前曾经访问过的乡村小镇，与接待过他的美国家庭叙旧。习近平面对17位重聚在一起的美国朋友，感慨地说："你们给我留下如此深刻的印象，你们都不会体会到，因为你们是我见到的第一批美国人，我对美国的第一印象来自你们，对我来说，你们就是美国。"

这种真情实感的透露，感动了美国人。美国主妇艾琳诺后来回忆当时会面的情景说："每个人都有机会站起来说几句话，习近平始终带着微笑，他的记忆力很好，居然还记得我是纽约出生的。在我看来，他更像一个多年未见的老朋友，而不是端着架子的政客。我们都很放松，他也是。"艾琳诺的丈夫汤姆·德沃夏克问习近平是否还记得他当年带来的礼物。习近平说是一瓶中国白酒，汤姆感叹那是他喝过的最烈的酒，惹得大家哈哈大笑。"他甚至记得临走前我送他一包爆米花！我自己倒忘了。"

这些家长里短的细节通过美国媒体的传播，达到了非常好的正面效果。其实，公共外交的最高效果就是情感沟通，人性和情感是全世界所有人的最大共性。在共同的人性和情感方面，每个人都能和外国人找到某种共鸣。我们的国家领导人和驻外大使都做得很好。对普通人来说，更应该用真诚、质朴和轻松的个人经历和思想情感，跟外国人交流。如果每一个中国人都能交到一个外国朋友，全世界就遍地都是中国的朋友了。

因而我们对外沟通要非常重视情感的共鸣。要让外国人觉得他跟你没有那么大的不同。人与人之间在观点上是有差异的，国家之间也存在民族性格、思想、习俗的不同。但无论如何，人类的根本情感和价值还是相通的。我们把故事讲到最后，就是要争取通向人类共有的情感和价值。这样一个故事就讲通了。哪怕道理一时半会儿还没讲通，也没有关系。我们之前说了，外国人自己还有一个归纳总结、形成认识的过程。我们在沟通中能把情感讲通，这个中国故事就讲好了。重视情感沟通的效果，不要过度执着于改变对方的观点，这是讲故事的第三个要求。

因而，总的来说，什么是"讲故事"？我想主要是注意这三点：第一是用个性化的方式，讲自己熟悉的事，哪怕不全面也没有关系；第二是用生动的、有趣的、带有故事情节的方式去讲；第三是要最终诉诸情感共鸣。

那么到底怎样讲中国故事呢？既然每个人的故事都是个性化的，这个问题就没有统一的答案。我们都有自己的经历、自己的观点，也就有不同的讲法。但面对一个主题，我们感觉无从说起的时候，可以遵循四个基本的步骤。

第一，了解对象。美国的公共外交学者把这一步称之为 listening，就是倾听。这种倾听不是指我们说话之前，要先听别人说。而是说我们要事先了解对方可能会问什么问题？在这个问题上他可能会怎么看？为什么这么看？一定要把这三个问题想一遍，作为沟通之前的功课。当然，一个外国人在某个问题上是怎么看的，我们在沟通之前并不确切知道。但一般来说，外国人对中国问题的看法有一定的共性。比如，如果外国朋友可能关心西藏的问题，这个世界上像西藏这样的地区有很多，他们为什么特别关心西藏呢？他们对达赖是怎么看的？在他们的头脑中，西藏是什么样的？他们为什么会有这样的看法？只有把这些问题搞清楚了，我们才知道怎样去跟外国人讲西藏。这是第一步。没有这第一步，就无法实施后面的步骤。为了要完成好第一步，就必须要有一种开放的心态，不管外国人怎么看，我们都能接受这个现实，并客观地分析其观点产生的原因，冷静地思考沟通的办法。

第二，共性切入。什么是共性切入？外国人在很多问题上的观点跟我们不一样，我们知道以后一般会感觉不舒服，甚至产生抵触的情绪。因而常常一开口就想反驳他，急于提出我们自己的观点。为此我们甚至会使用一些辩论的技巧，抓住对方说的话里面最薄弱、错误最明显的地方，一开始就给对方指出来。然而，从观点差异最大的地方开始交谈，并不是一个好的开始。一开始就任由情绪影响主宰沟通，就很难在最后取得情感的共鸣。相反，最好要遵循一个原则，就是找一个双方最有共识的点来切入话题。我们之前已经做了功课，研究了外国人的看法。那么在他的这些想法中，哪些跟我是有共性的？先从最相通的地方开始谈。这不是礼节性地说一句"我觉得你说的有道理"，后面再紧接上一句"但是……"，而是真诚地跟对方探讨在某一点上相似的看法，让对方感到我们从一开始就在"求同"。以这样的方式做开头，交流就会有一个好的气氛。

第三，个性表达。在和外国人沟通中国问题的时候，无论我们怎样"求同"，差异仍然不可避免。对于彼此的差异，我们要差别化对待。具体的办法是：就对方不了解的事实，可以多讲一些。而对于事实的不同观点，则要选择性地表达，并在表达的时候注意语言的方式。我们前面说到"讲故事"的能力，主要就体现在这个部分。当与交谈对象有不一样的观点的时候，不一定直接去说理，而是通过讲故事、举例子的方式，巧妙地表达观点。故事是真实的，不是说教，因而让人更能接受。矛盾和冲突隐藏在故事情节中，不会尖锐地刺激情绪，反而有可能引发思考。哪怕再尖锐、敏感的问题，我们也可以用生动的事例、温和的语言、隽永的故事去说明。这体现了沟通的艺术。

第四，情感共鸣。在整个沟通的过程中，有两次求同的过程。第一次是从共性点去切入谈话，第二次是把交流引向共同的情感和价值，来结束谈话。因而我们的故事需要一个最后的升华。这听起来挺不容易。但我们要相信，绝大多数交流最终都有办法达到情感的共鸣。因为外国人关心中国的问题，多数时候并不牵涉自身实际利益，甚至他的出发点往往是善良的。我们的谈话要回到最初那个出发点上，在人类的善良、同情和共同伦理中，从价值层面争取情感的共鸣。在交流的最后，让对方感觉到共性是基础的，差异是表面的，中国人的心和外国人的心是相通的，交流就起到最基本的效果了。

三、"讲故事"的练习

了解对象、共性切入、个体表达和情感共鸣，是我们和外国人讲中国问题的时候可以遵循的四个步骤。这听起来有些机械。但这四个步骤会让我们心中有一个线索，让我们和外国人谈话时更有信心。

下面我就拿自己的一些经历来举例子，看看这四个步骤是如何在沟通中实现的。要注意的是，这些都是在特定的环境下，面对特定的问题和对象做出的回答，并不是什么标准答案。我只是讲了自己的故事，让外国人在我这里看到了中国的一个片段。回答这些问题的时候，我没想过要代表中国给出答案，只是作为普通的中国人，被问到了关于自己国家的问题，代表自己有个回答。在这里更想与读者分享的不是回答的内容，而是我回答这类问题的思路。

比如，曾经有一位外国朋友突然发邮件问我："中国为什么要入侵西藏？"

我知道他并不是藏独势力的一员。他一定是看到了某些媒体报道，被挑起了激动的情绪。西藏问题在西方世界几乎人尽皆知，但多数人都没有政治图谋。在西方很多人很关心西藏，因为他们认为西藏是一个自然环境很美、文化很特别的地方。很多人还受到藏传佛教哲学的吸引，把西藏看作现代化、城市化的世俗生活之外，一个可以获得心灵平静的香格里拉。因而，西藏在西方的语境里带有宗教和自然意义上的神圣感，甚至寄托了西方民众自己的反政府主义、反现代化的情感。这些情感很容易被少数藏独分子的宣传所绑架。

经过这样的"倾听"，我这样回复他："西藏是一个很美好的地方。每个中国人都梦想在有生之年去西藏旅游一次。我特别惊讶的一点是，我遇到的很多外国朋友居然也都这么想。这证明西藏真是个神奇的地方，它也许寄托着人类对于纯洁、质朴和信仰的怀念和渴望。

如果去西藏，你会发现这些美好的东西并没有被践踏。西藏人至今仍然过着他们传统的生活，保留着原始的信仰。西藏和平解放 60 多年了，今天的西藏仍然随处可见寺庙和僧人、纯净的雪山、草原和安静的牛羊。你还会在路上看到一些朝圣者匍匐前进、一扣三拜，去朝拜遥远的布达拉宫。在政府的资助下，还有一些人专门保护可可西里的迁徙的藏羚羊。

那么，中国有没有入侵西藏呢？我想问你：英国有没有入侵苏格兰呢？美国有没有入侵新墨西哥和加利福尼亚呢？我小时候就知道"尼斯湖水怪"的故事，在我的想象里，苏格兰也是一个美丽而神奇的地方。我去美国科罗拉多大峡谷的时候，感觉那里和西藏一样壮观。这些地区在几百年前就成了一个伟大国家的一部分。如果今天有人因为这些地区的独特而想把它独立出来，这当然没有理由和根据。

另外，我还觉得这些美丽而独特的地区，也必须自然而然地融入现代生活。全世界的人们都在进入更加富裕的现代生活，中国的西藏人民、英国苏格兰的高地人和美国西部的印第安人也有权利选择享有工业文明的生活方式。他们会把传统文化特色和现代生活进行平衡，创造新的文化特色。中国政府在西藏修建了铁路和公路，在西藏采用了一些现代的管理方式，让西藏人民享受了现代的物质文明和精神文明，完成了从奴隶社会向社会主义社会的历史性跨越。当生活在现代城市的人指责这一切"污染"了西藏的原始和纯洁的时候，有没有去问过西藏人，他们是不是愿意永远生活在极端贫穷、落后、愚昧的"中世纪"的黑暗中？

西藏不是一个国家，世界各国都没有承认西藏是一个国家。一些在西方的西藏人希望西藏成为一个国家。但是中国肯定不会同意。中国政府现在有足够的力量保障这一点。问题的关键实际上是怎么样让西藏变得更好。这方面中国政府也需要更多的努力和改进。但不管怎样，我想用现代政府的治理方式会比用原始宗教社会的方式更实际一些。达赖喇嘛写了很多有影响力的宗教书籍，但这不代表他有能力用宗教的方式管理好西藏。西藏不可能再回到以前政教合一的野蛮统治中去了。"

跟西藏类似的问题我也被问到过："中国为什么要对台湾进行武力威胁呢？"

这是在 2008 年前后，台湾陈水扁当局推动"公投"，中国政府做出了强硬反应，西方媒体反响也很强烈。当时的情况有点像今天的南海问题。普通外国朋友并不知道大陆和台湾的历史，很多人也不关心台湾是不是一个国家。在他们眼里，这是两拨中国人在吵架，而且还有爆发战争的危险。在吵架的双方中，大陆更强大，台湾更弱小。很多人出于意识形态的原因，更同情台湾。哪怕他们除了台湾的名字之外，其他什么情况都不知道。

既然外国人是这样看的，我就知道怎样回答他：

"我知道台湾的事情让你很费解。世界上有很多国家因为内战而分裂成两个政府，彼此之间常常会爆发可怕的冲突。刚果和扎伊尔是这样，朝鲜和韩国是这样，苏丹和南苏丹也是这样。但中国的问题跟这些国家还有一点不一样：台湾自古以来就是中国的神圣领土，在中国历史上的任何一个时期，台湾都不是一个独立的'国家'。目前海峡两岸的分离状态是国共两党内战的'产物'，这种状态在中国历史的长河中是暂时的。而且尤其重要的是，海峡两岸的大多数中国人都反对这种分离的局面，盼望国家早日统一。中国大陆和台湾当局都觉得自己代表了同一个国家。你听到来自中国大陆的人说'中国'的时候，他们默认包含了'台湾'；你听到来自台湾的人说'台湾怎样''中国怎样'，他们也多半谈的是一种地理概念，台湾的宪法、地图和教科书上都记载的是一个国家。世界上的国家，大多数都和北京政府建交，但没有国家会同时与北京和台北建交。也就是说，别的国家也并不承认两个中国。

我知道你会问，既然内战造成了分裂，为什么不干脆就分为两个国家呢？在这一点上，中国人和其他国家的人不太一样。中国人喜欢统一。中国两千多年历史上很多次分裂，但最后又都努力统一起来。欧洲人喜欢分裂。罗马帝国崩溃以后，欧洲逐渐分裂为许多国家，冷战结束后前苏联和南斯拉夫也都独立成多个国家。

在这一点上，我认为西方应当尊重中国的传统。中国人的思维方式跟西方人有很多区别。崇尚统一就是其中之一。西方人不应该以自己的思维去看待台湾问题。中国人根据自己的传统，维护国家的统一和主权完整，是天经地义的。面对台湾岛内的"台独分子"谋求台湾独立的企图和步骤，中国政府宣称保留使用武力的选择，当然是无可非议的。诚然，战争并不是最佳的选择，但这是最后的手段，据我所知，中国政府一直在以最大的诚意谋求和平统一。我自己对台湾问题保持乐观。由于有一些基本的共识，再保持良好的沟通，我不觉得未来台湾问题一定会走向战争。"

上面这些问题都够敏感，但我还被问到过更加尖锐的问题，比如"你在中国的网络上说话会被政府关进监狱吗"？

外国人很喜欢谈言论自由。尤其是在互联网时代，他们把互联网看作言论自由进步的一个机会。关心这个问题的人，其实也对他们自己国家侵犯人权、隐私和言论自由的事情非常敏感。但很多不熟悉中国的人，连中国的互联网有多么普及都不知道。因而我首先对外国朋友说："在中国没法登陆 Facebook 这样的网站，这会让来中国的外国人感到不方便。但这完全不代表中国是一个没有言论自由的国家。在中国，你如果在网络上发言违反了国家的相关规定，有可能会被网站删帖，严重的话你有可能会在一段时间内被禁止再在同一个网站上说话，但很少有人因此被关进监狱。"

尽管有这样的一些限制，但中国的互联网言论还是非常活跃的。你可以看到尖锐的批评言论和各种标新立异的思想。甚至有的人会认为网络言论太过火了，过于粗鲁、不负责任、无视别人的隐私，或者有许多虚假的谣言。中国人现在开始讨论言论自由的限度。有的人认为自由还太少，有的人认为自由在有些方面已经过多，伤害到了其他人的自由。

中国人在现实生活中的言论可能比在网络上更平和。在私下的场合，大多数人可以自由说话和评论，并没有"秘密警察"时刻盯着人们在餐桌上说什么。但生活中的中国人比网络上的中国人说话更谨慎一些，更加自我节制。自我节制是保护自由的最大美德。我在美国的时候，就对美国人在言论自由下的自我节制印象深刻。尽管网络上的争论很激烈，但没有人会说种族主义的话，也没有人刻意表现粗鲁。如果说一些威胁公共安全的话，美国警察也会来敲门。言论自由是一种优雅的、高尚的自由。中国在这方面还需要更多的摸索和平衡。

跟言论自由相似的是关于宗教的问题。许多外国人都来自宗教社会。一些比较保守的外国人甚至认为，中国人不信仰宗教，就不可能有伦理道德，这必然导致一个可怕的社会。这反映了外国人在看待宗教的作用上，和中国人有很大的不同。更需要注意的是，一些外国人对"信仰缺失"社会的敌视，其实源于其国内保守派和自由派围绕着宗教问题所进行的激烈的政治斗争。中国是世所罕见的非宗教社会，他们的国内问题被投射到中国身上，中国一定程度上是"躺着中枪"。因此，美国在宗教问题上对中国的压力远远大于其他发达国家，是因为其国内政治的特殊情况造成的。

因而我会这样跟外国人谈中国的宗教问题：宗教是一个很有意思的问题。我也是经过很长一段时间才意识到，中国人在宗教问题上的传统非常独特。全世界大多数国家都是宗教社会，或者保持着宗教社会的传统，而中国从来都不是。但我们彼此都以为对方应该跟自己一样。

关于中国的宗教状况，首先让我澄清一个误解：中国人并不是完全不信宗教，更不是排斥宗教。数千年来，宗教一直是许多中国人日常生活的一部分，直到今天仍是如此。在中国有不计其数的佛教寺庙、清真寺、道观和天主教堂，还有供奉着许多民族英雄偶像的纪念场所、设施。在我的家乡四川省的峨眉山，每个月某些特殊的日子里，你会看到许多年纪很大的老人，结伴而行，用两天的时间从海拔 500 米的山底徒步到海拔 3000 米的山顶，就是为了到山顶的佛寺朝拜。这些朴素、虔诚而自由的佛教徒，在极其陡峭的山路上攀行，口中念着佛教的祷语，上百米长的队伍缓缓前行，几乎不休息，可以压倒大多数自恃强壮的年轻登山者。就像这些老人一样，在中国的很多地方，都可以看到宗教的存在和宗教在中国人身上产生的影响。普通公民有宗教信仰的自由，但中国共产党规定，党员干部不可以信教。

在中国，有些人信宗教，有些人不信宗教。实际上，在悠久的历史上，很多中国人都不把自己归属于某个宗教。可是这从来没有妨碍过中国人过有道德、有尊严、自律的精神生活，并创造了辉煌的古代文明。

这可能跟儒家思想有关系。中国的儒家思想不信奉任何的神灵，但教导人们自律、行善。孔夫子要求中国人崇尚勤劳、节制，并充满奉献精神和社会责任感。每个人应该先战胜自己，克制过度的欲望，同时又必须兢兢业业的工作，追求人生的成功，最后把力量贡献给家庭、社会和世界。儒家把这称作"修身、齐家、治国、平天下"。

这些中国价值观并不是独一无二的。它看起来既可以是 17 世纪北美东海岸清教徒的价值观，也可以是欧洲中部日耳曼家庭教给孩子的信条，甚至我觉得美国犹他州的摩门教徒，也分享着类似的想法。不同的文明、宗教和社会之间在道德上有许多基本的共通之处。就是这些人类共通的价值追求和理想、而不是单独的宗教保障了人类的道德。

在这本书的开头我提到过，不少外国人喜欢问中国人生孩子的问题。中国人所说的"计划生育"，在外国人那里往往被称之为"一胎政策"（one child policy）。这个名称的转换产生了很大区别。前一个概念的核心是控制总体人口增长，后一个概念的核心是控制家庭生几个孩子。外国人认为，生孩子的事情是由父母决定的，别人管不着。他们只会从个人权利的方面去理解，而不太有人口控制的概念。因而，我会这样解释：我遇到很多外国朋友都对这件事很惊讶。因为在世界上大多数国家，一个家庭通常都有好几个孩子。而在中国，大多数家庭只有一个孩子。所以你们看到中国的家庭，就会感觉大不一样。

这确实是中国政府的政策。不过中国人把它叫作"计划生育"。一胎政策是计划生育的主要内容之一，但又不只这么简单。有的家庭也允许生两个孩子，但要符合一定的条件；有的家庭不符合条件仍然生了第二个孩子，但要受到一定的惩罚。政府还提倡人们更晚的生育，这样就会减少人口增长的速度。总之这是完整的一套政策，它的目标不是简单剥夺夫妇生育第二个孩子的权利，而是从总体上控制人口。

大多数中国人支持人口控制。中国有13亿人，生活得很拥挤，学校、医院、交通等公共设施压力都很大，人口多了，对环境的滥用和资源的消耗也非常严重。印度是世界第二大人口大国，也在实行计划生育。联合国在非洲一些不发达国家，也在推广计划生育。生活在人烟稀少地区的人，很难体会中国人和印度人的感受。

我知道你很担心计划生育的实行会侵害人权。但很多中国人不只从这个角度考虑计划生育的问题。很多父母如果真的特别想要第二个孩子，他们会选择接受惩罚，生下孩子。反而中国人比较担心的是，一些更富裕的家庭承担或者逃避惩罚的能力更强，这会造成计划生育政策执行的不公平。还有一些地区的政府部门在执行惩罚时采取粗暴的手段，这也是遭到普遍反对的。

如果你对这个问题感兴趣，我还想告诉你，现在中国已经开始实行普通二胎政策，以防止出现过于快速的人口老龄化带来经济和社会问题。总之，中国政府和民众大多数从整体利弊来考虑实行和调整计划生育的问题。

我们要知道外国人可能问什么问题，还需要多关注新闻。有不少问题都是突发性事件的新闻报道引发的。突发新闻过去以后，外国人可能就不会再问某个问题了。但他们当时形成的看法已经埋在了心中。比如，我就曾经被问到过中国的食品安全问题。问我这个问题的外国朋友可能是看了媒体上的报道，说中国把毒饺子卖到了日本，或者把不合格的狗粮卖到了美国。食品安全问题牵扯到了生命，外国人会从道德层面去分析这个问题，而没有能力去深究背后的细节。这些问题往往会和对中国文化的成见发生化学作用，并反过来加固这些文化偏见。

我是这样和外国人说中国的食品安全问题的：这对中国来说是很尴尬的问题。在中国国内，食品安全是个很大的问题。中国人自己是食品安全问题的最大受害者，也非常痛恨不安全的食品。你也许听说过，连中国婴儿食用的奶粉都出现了问题。

网络上有些外国朋友因此把中国人看作是疯狂的或者没有道德的民族。我不喜欢这种种族主义的观点。中国今天出现相当严重的商业欺骗，只是一个暂时的现象。中国正在快速发展市场经济，人们都在想尽办法赚钱。商业利益腐蚀着传统的道德。我读过美国作家厄普顿·辛克莱写的《屠场》，这本写在 1906 年的书揭露了美国肉类加工厂的黑幕，在当时激起了美国人强烈的反思。有时候我想，也许中国也需要一场像美国当时那样的"进步主义"运动，在快速变迁的商业社会中重新建立道德规范。

不过，中国现在的食品安全问题这么凸显，也许还有一个原因。中国的食品大多数是在农村和小城镇生产的。这里往往更落后、更闭塞，人们对落后的生产方式和饮食习惯习以为常。可是按照传统方法和较低标准生产的食品却往往到大城市出售，甚至还有一些出口到国外。中国大城市和国外的人们对食品的品质要求更高。从这个角度来说，食品问题也是中国发展不平衡的表现。

总之，中国的食品安全问题有一些是因为发展落后造成的，也有一些是因为商业欺诈造成的。我说这样的现象一定会改变，是因为市场会淘汰那些不合格的企业，政府也在提高和统一生产的标准。要知道，中国生产的小工业品也曾经以劣质著称，但经过多年的全球竞争之后，中国制造的廉价商品的质量已经大大提高，成为全世界超市的畅销品。随着质量标准的提高，我希望中国的食品能够发达国家的食品一样，成为值得信赖的品牌。

在对这些上面这些问题的回答中，都可以发现我说的四个步骤。在对上面这些问题的回答中，我尽量先思考对方的立场，然后从一个对方能够认同的观点出发，介绍一些对方可能不知道的情况，最后希望形成"我们和你们一样"的共鸣。了解对象、共性切入、个性表达、情感共鸣，是我们跟外国人沟通时有用的工具。

但是上面这些例子都有个特点，就是讲得比较全面。这是因为我想完整地展示四个步骤的工具。实际的口头交流往往更加碎片化，会有更多的对话而不是大段独白，谈话的主线也由双方共同牵引。因此在真正的交流中，针对不同的问题、不同的场合、不同的对象，都需要我们灵活的处理。我们不必像外交官那样严谨地说话。外交官谈这些问题要义正词严、宣讲政策。我们普通人谈这些问题，最好在把握事实、客观平和的前提下，从自己的感受和经历出发，娓娓道来，告诉外国人你自己的观点。你所真正了解和相信的，才是最能感染人的。大巧不工，沟通是自然流露的艺术，不要追求完美的标准答案，但每一次都可以思考下自己怎么可以讲的更好。

最重要的是，我们要有信心，不要怕开口。我们是中国人，一定比外国人更了解中国。我们只要给外国人提供一些有用的信息，就能促进他们对中国的了解，也就发出了中国的声音。如果必须要谈到中国的缺点，也不必回避。我们跟外国人谈中国的政治问题，最基本的原则就是告诉他们事实，让他们了解真实的中国。真实的中国，有好的一面，也有不好的一面。我们如果能够坦诚相待，外国人也能理解中国不尽人意的一面。人性和制度有缺陷，社会和政治在发展，现实总是不完美，全世界都一样。不完美的中国才是真实的中国，在不完美的情况下不断追求完美的中国，才是体现现代中国精神和中国形象的最佳角度。

在接下来的章节中，我会继续探讨中国主要宏观问题的对外表达，大家还会反复看到这一章所介绍的沟通技巧。把这本书读完，会在同样的方法中耳濡目染，提升跟外国人沟通的能力。读者也可以按照我的方法，模拟和外国人对话，谈各种外国人可能问到的敏感问题：南海问题、中国在非洲的形象问题、中国的反腐败等等。如果你感到这些问题比较专业，先阅读后面章节的一些知识可能会有帮助。但在这里，我们可以先尝试回答我在书的开头提到的另一个问题：中国人真的吃狗肉吗？让我先来帮助大家"了解对象"：

很多外国人非常在意中国人吃狗肉的问题，其实超出了普通的动物保护主义思想。动物保护主义者的主流意见是用于人类食用的动物应该被"人道"地饲养和宰杀。但在多数西方人那里，狗根本不在供饲养和宰杀的动物之列。房子车子大草坪，两个孩子一条狗，是西方中产阶级美好生活的象征。狗在亚洲国家虽然也是和人类最亲近的动物之一，但和其他动物并没有本质的差异。但狗在西方国家不是普通动物，而是"家庭成员"。另外，在中国也只是个别地区有吃狗肉的习俗，并不是所有的中国人都吃狗肉。我们在和西方人沟通这个问题的时候，既不能一味讥讽，也不能无条件迎合，而要通过讲故事，在保护动物的共同立场上形成共鸣。

那么，你准备从哪一点"共性切入"呢？

第四章

中国政治怎么讲

一、外国人眼中的中国政治

跟外国人交流，绕不开中国政治的话题。而谈中国政治的话题，又绕不开中国的政治制度。

大多数中国人第一次跟外国人接触，正事说完，开始闲聊，往往就被问到中国的政治问题。概率极高，躲都躲不开。可是大多数人就算被问过很多次，也不知道应该怎么向外国人解释中国政治。

不管谈得好不好，我们跟外国人谈政治，多半会感觉到某种压力。这种压力来自于外国人居高临下的态度。甚至我们会感觉，许多外国人并不是想了解中国政治，而只是为了批评中国政治。

这在西方媒体身上表现尤其突出。2008年奥运会的时候，有许多外国记者来到北京采访。有一些西方记者的关注点不在奥运赛事上面，而是走街串巷，希望揭露中国"奥运年"光鲜外表下的"另一面"——往往和政治有关。

这可能是媒体的职业习惯，但有些西方记者似乎并不是为了发现事实，而是为了证明猜想。北京最大的艺术试验区宋庄的一位艺术家就说，当时许多外国记者专门去找艺术家们"谈政治"，让艺术家们感觉挺别扭。实际上大多数艺术家对政治最不感兴趣。但在接受西方记者采访时，他们觉得自己受到某种故意的引导。

在很多西方记者眼中，中国不可能有醉心艺术的艺术家，也没有倾心学术的学者、专注于医术的医生、享受旅行的驴友、安心种地的农民，只应该有不敢言的"异见人士"。中国社会就是由"专制"的政府和"受压制"的"异见人士"组成。政治上的压迫是中国人每天生活的头等大事。所以西方记者常常觉得自己在中国的首要任务就是替后者发出声音。

虽然并不是所有外国人都这样看，到目前为止，相当多的西方民众还是这样看。多数外国民众都仅仅是通过西方媒体的报道来了解中国。而许多见多识广的西方记者，即便到了中国很多年，也还用原来的方式报道中国。那样一个失真的中国似乎更易于让西方读者接受。

因此，多数研究中国形象问题的学者都公认，中国政治是影响中国形象的最主要的因素。怎样让外国人理解中国政治，是中国公共外交面临的最大挑战。

然而，中国人虽然好多都是天生的"政治问题专家"，和自己人说起政治来都头头是道，可是和外国人谈起中国政治，却不知道如何开口。

要想和外国人交流中国政治，首先要知道外国人看待中国政治的三个特点，以及中国人向外国人介绍中国政治的三个障碍。这些特点和障碍都涉及到深刻的中外政治文化心理问题，所有可能和外国人打交道的中国人都不得不察。

西方人看待中国政治的第一个特点是居高临下。跟西方人谈论政治，我们必须要做好一个心理准备，就是他们往往有非常强烈的、先入为主的成见。尤其是去国外，接触那些没有到过中国的西方民众，这个现象尤为明显。而即便是在中国待过相当长时间的外国商人或者留学生，如果与他们深谈，仍然会发现他们在内心深处"瞧不起"中国政治。

这种根深蒂固、挥之不去的"瞧不起"到底是怎么回事呢？简单说，就是西方人多数相信只有西方的政治制度才是先进的、文明的、道德的。中国虽然取得相当高的经济成就，其政治模式仍然是低劣的、欠发达的，甚至是邪恶的。很多西方人还相信，中国迟早会转向西方式的政体。

　　当然，西方人对中国政治的看法也不是整齐划一的。有的人完全就把中国想像成一个邪恶"极权帝国"，也有许多人承认中国政治改革的发展和民主政治的进步，近年来，还有学者开始关注中国政治制度的某些特殊优势。[①] 可是，总的来说，居高临下的态度是普遍的。你几乎很难碰到一个西方人会真诚地向你了解中国政治的运作方式，把中国政治和中国的发展合理地联系起来，评判中国政治制度的优点和缺点。

　　西方人的偏执态度有时让中国人难以理解。西藏"3·14事件"和奥运火炬传递的风波之后，有中国的网友就发出疑问：西方社会是现代科学精神的摇篮，西方媒体是现代媒体职业道德的标杆，怎么一旦面对中国政治问题，西方的科学精神和媒体道德就土崩瓦解了呢？为了说明"中国军队镇压藏民"，美国CNN、BBC使用了刻意裁剪过的图片，甚至用尼泊尔警察的图片来移花接木。做不到科学客观就算了，还刻意造假，这种狂热的社会偏执实在让人惊讶和失望。

　　对于外国人对中国政治理解的偏执，其实我们应该保持淡定。西方创造过伟大的科学精神，也犯下过反科学、反人类的丑恶暴行。当然，在此类分裂和矛盾的人类行为上，我们东方国家也有差不多的历史。国家的行为总是由强大的民族心理推动。找到这种群体心理，才能找到问题的根源。

　　所以让我们再次回到"镜像理论"。前面的章节提到过，18世纪中期以后，西方对中国的看法发生了戏剧性的转折。在跟中国"落后"和

① 参见：弗朗西斯·福山：《中国模式：历史渊源与未来展望》，摘自《危机与未来：福山中国演讲录》，中央编译出版社，2012年3月版。

"野蛮"的对比中，西方建立起"先进"和"文明"的自我认知。随着近年来中国经济的快速腾飞，西方在中国这面镜子中希望照出什么样的自己呢？

对比生活中的人性，我们就能猜到答案。

所以，我们与西方交往，必须面对这样一个现实：批评中国政治，是西方面对中国崛起的一种保护性反应。中国经济越是发展得好，外国人就越发激烈地批评中国政治——短期内我们都不必期待这种状况会发生根本的改变。当二十世纪初美国把"庚子赔款"还给腐朽的清政府建学校的时候，当中国和美国在冷战末期联手制衡苏联的时候，我们没有听到美国人多少关于"专制"和"人权"的批判；反而到了冷战结束、中国通过改革开放蒸蒸日上、日新月异，却受到越来越多的政治指责。这就像城里的老贵族看不惯农村刚刚富起来的新贵一样，又没有什么好说的，只好说他是"暴发户"、"没素质"、"不讲理"。

事同此理，人同此心。西方人用不公平的态度"瞧不起"中国政治，我们也应该在一定程度上理解。世事洞明，人情练达，这是中国人应有的智慧。

西方人看待中国政治的第二个特点是"传教士心理"。

去过西方基督教世界的人，都多半接触过传教士。在国外甚至在国内的一些地方，部分中国人也偶然会遭遇"被传教"的经历。基督教的传教者有两个特点：一是他们有非常单一明确的价值观，对什么是真理，有很强的道德评判；二是他们把让别人接受这套价值观，作为相互交往的最高成就和最大快乐。

也许是受到了基督教的深入影响，西方人对待别国的政治就有这种"传教士心理"。实际上，对别国政治产生误解并非西方人的专利。比如一提到非洲，许多人就想到战乱、贫瘠和饥荒；一提到伊斯兰国家，有些人就觉得那里是恐怖分子的家园。在中国，不少人也怀有类似的误解。

但中国人很少因为别国的政治问题燃起强烈的道德责任感，甚至还想去把别人的想法变得跟自己一样。

相比之下，西方人把政治问题道德化的倾向更加明显。在西方各色各样的国际关系理论当中，对西方老百姓影响最大的可能是"民主和平论"——据说民主国家之间从来不打仗。战争都是专制国家发起的。民主和专制在西方政治中是最大的道德判断，并被用来划分敌我阵营：如果专制国家迟早要对民主国家发动战争，不如民主国家联合起来，先把专制政权推翻。这就叫"先发制人"。美国小布什政府发动伊拉克战争的时候就有这种逻辑。

所以，在很多西方人看来，民主对专制的斗争，就是正义对邪恶的斗争，帮助全世界的民主力量赢得这场斗争，就是西方文明天然的政治使命。这是西方世界流行的最普遍的、最深刻的政治幻觉，也是"传教士心理"的一种体现。中国人可能觉得，西方嘴里唱着民主的高调，把伊拉克和利比亚搞得乱七八糟，很虚伪。但是，我们一定要注意，西方政治的道德高调不只是个别政客挂着羊头卖狗肉的把戏，更是深深融入其大众心理。中国人要在外交上做什么事，阐明"国家利益"就够了，西方国家则非要加上"民主"、"人权"的高尚理由，才能获得民众的支持。

西方人在别国政治制度问题上倾注了强烈的道德情感，对这一点，我们在与西方人谈政治的时候一定要有深刻的认识，并且用理解的态度去沟通。对西方的政治信仰一味反唇相讥，斥其虚伪，不但说服不了他们，还会激起强烈的、情绪性的敌意和反感。

西方人看待中国政治的最后一个特点是在政治观上简单化的"两分法"。西方人谈论政治有一套非常简单的逻辑，主要就是几个词：民主、自由、人权。自由和人权其实是一回事。称呼自己国家的时候用自由，要求别的国家的时候用人权。而不管是自由和人权，最后都归结为民主——民主就能保障自由和人权。但什么是民主呢？关键是公民要自己能选举国家的政治领导人。

多党选举就是实现民主，民主就能保障自由和人权，这个逻辑就是西方政治的通行公式。继续用这种逻辑推导下去，很多西方人就把世界分为了"自由世界"和"不自由的世界"，两个世界的区别就在于有没有多党竞争的选举制。于是，有选举的印度成为"世界上最大的民主国家"，菲律宾也成了"亚洲民主的橱窗"。因为印度和菲律宾是民主的，不管他们国内目前还有多少政治腐败、社会割裂和经济不平等，他的政治也比中国更有道德、更有希望。而新加坡这样的国家不管治理得多么完善，因为一党独大，民主政治就不合格。至于中国，当然更要列入专制国家的行列。

实际上，稍有政治经验的人都能感觉到，仅仅用选举的形式来判断民主与否，这样的逻辑太过简单化。好的政治制度不能只用一两条标准来评判。按照西方标准划定的"自由世界"里，有许多经济发达、文明昌盛的国家，也有许多贫穷、战乱的国家。所有这些国家都被归到"好国家"的行列，显然并不合理。翻开西方政治学的研究著作，从古希腊的苏格拉底到近现代的洛克，再到罗伯特·达尔这样的当代学者，对于"民主"、"自由"这些概念的讨论也不是这么简单的。民主自由价值观充满着内在的矛盾和丰富的意涵，自古以来，人类对这些政治价值的思考从来没有在一个简单的层面止步过。

虽然哲人和学者对民主的思考博大精深，但在国际交流中我们要面对的现实是，大多数西方人还是在用一套简单的逻辑讨论政治。简明本身也许就更有吸引力，再加上这套简明逻辑在西方社会环境下又被赋予了不可挑战的政治正确性。由于逻辑简单有力、又占据了道德制高点，西方这套"简化版"的民主政治理论，在全世界都广具影响，甚至在政治话语权方面可以说是横扫全球。它是如此强大，以至于到了可以绑架外交政策的地步，让西方国家为了推广"民主"陷入泥潭。最近的例子就是失败的"大中东民主计划"，让美国在伊拉克战争和中东持续的动荡中不得脱身。

自我镜像、道德色彩和简单逻辑，这三大思维特点主要属于西方国家。西方的三种思维特征，对全世界都有影响。俄国作家契诃夫有篇著名小说叫作《装在套子里的人》。西方今天的这一套通俗政治话语就像一个"套子"，道德上居高临下，真理性不容置疑，试图把全世界都被框在里面，同时把自己也埋了进去。于是正在崛起的、在政治制度上如此不同的中国就像故事主角别里科夫的家乡小城里出现的某个新鲜事物，"千万不要惹出什么麻烦来才好"。

西方政治思维的这一"套路"，是我们和外国人沟通中国政治的最大障碍。而从中国自身来看，也有三个障碍妨碍我们在政治上很好地表达自己。

首先是理论障碍。中国政治还在改革发展过程之中，还有很多不完美的地方，我们对自己的认识同时也还在扩展和深化。这使得我们还没有从根本上建立起一种理论自信。面对西方的政治话语，我们往往只能限于反驳、解释和回应，在一些核心问题上的理解上还不清晰，甚至似是而非。整体来说，我们缺乏一套简单有力、富有传播力和说服力的政治表达。

其次是话语障碍。中国的政治表达方式和西方有错位。作为社会主义国家，中国其实有一套自己的主流政治话语，但是和西方的话语不一定能顺畅对话。有时候同样说一个词，可能中国人和外国人会理解成完全不同的意思。比如，"共产主义"这个词在中国代表着最高的政治理想状态，在其他很多国家却代表着苏联式的极权暴政；我们说的"人民民主专政"，外国人也很难明白是什么意思，而且"专政"这个词无论怎么翻译成英文，都会把外国人吓一跳。随着中国对外交往的增加，中国人已经越来越多地了解中外的语言差异，注意尊重外国人的文化习俗。可是对于外国人的政治文化和政治语言，我们的认识和了解相对来说还远远不够，沟通中造成的误解也比比皆是。

最后是传播障碍。曾几何时，在国际共产主义运动处在高潮的时候，中国的政治思想在许多国家产生过相当的影响和吸引力。而随着冷战的结束，国际环境发生了巨大的变化，中国也发生了天翻地覆的转型，中国政治在国际上的形象相比于以前反而越来越模糊。政治上不能自我表达，西方就会给中国贴上各种各样的政治标签。哪怕今天流行的关于"中国模式"的研究，大多也是用西方的语言来定义的。难听一点的直接说"经济自由、政治专制"，好听一点的说"威权主义"。"威权主义"在学术领域是一种有深厚学理的研究视角，但在传播领域它绝对不是好的对外政治表达。在西方，这个词仍然是被放在"民主"的对立面，是"自由专制两分法"逻辑下的产物。虽然中国模式的特色是注重发挥政府的作用，中国的政治文化也更尊重"权威"，但我们如果接受"威权主义"的定性，就在无形中"被专制"，也自然地被划到"自由世界"之外了。

这一章所讨论的政治问题，是中国国际话语权的最大短板，也是讲好中国故事的关键挑战。

二、中国是不是民主

在我看来，跟外国人讲中国政治，如果需要先找关键词，那么只有一个词合适，也只有一个词符合事实，那就是"民主"。

要谈中国政治，必须从民主谈起。中华人民共和国成立的历史意义，就是为了追求民主。人们说没有共产党，就没有新中国；那么也可以说，没有民主，就没有共产党。对此，毛泽东在延安的窑洞里就已经阐明。[1]
过去一百年中国政治生活发生了天翻地覆的变化，每一个经历过的人都
有感受。这种变化用什么来概括？恐怕也只能是民主。

当然，这不等于说"中国已经很民主"。从 1898 年维新变法到今天，
100 多年的时间，中国政治恐怕没有任何一段时期能够称得上"完成时"
的民主。可是，这一百多年中国政治发展的主线确实是走向民主；从康
有为、梁启超到孙中山，再到新中国历届领导人，历代仁人志士
政治奋斗的最高共识是民主。今天，我们谈政治体制改革、党的执政
能力建设，从领导人的讲话、政府的文件，到报纸的社论、社交网络上
的言论，出现频率最高的词汇，还是"民主"；在中共十八大以后颁布
和倡导的"社会主义核心价值观"中，"国家层面"关于政治的一个价
值观就是民主。民主是中国政治百年来核心的精神追求和前进动力。

在中国，发展社会主义民主政治，保证人民当家作主，保证国家政
治生活既充满活力又安定有序，关键是要坚持党的领导、人民当家作主、
依法治国有机统一。

——习近平 2014 年 9 月 5 日讲话[2]

因此，我们应该很明确地告诉外国人，民主是中国现代政治发展的
核心。不用拿其他词汇来描绘中国——无论是"威权主义"还是"开明专制"
都会引发误解。中国和世界其他国家一样，孜孜追求建立的是现代化的

---

[1] "自由民主的中国将是这样一个国家，它的各级政府直至中央政府都是由普遍、平等、无记名的选举所产生，并向选举它们的人民负责。它将实现孙中山先生的三民主义，林肯的民有、民治、民享的原则与罗斯福的四大自由。它将保证国家的独立、团结、统一以及与各民主强国的合作。"参见《毛泽东同志答路透社记者：中国需要和平建国》，《新华日报》，1945 年 9 月 27 日，第二版。

[2] 习近平：《在庆祝全国人民代表大会成立 60 周年大会上的讲话》，人民网，2014 年 9 月 5 日，网址：http://gz.people.com.cn/n/2014/0906/c344102-22229683.html

民主政治。给外国人谈中国政治，就是要谈中国的民主。

可是，用什么方式和外国人说民主呢？大多数外国人不承认中国的民主。前面说过了，西方有一套通俗的政治话语，把丰富、深刻的古典民主思想大大简化了。在这套话语里面，民主最后浓缩成了一个标准，就是多党选举。我们跟西方人讲中国的民主，西方人就会说：你们没有多党选举，就不是民主。

其实西方人能够感受到民主没有统一的模式。美国有美国式的民主，法国有法国式的民主，日本也有日本式的民主，各有特点，而且各有各的问题。很多西方的明智之士也在不断批判西方民主的问题。但在他们眼中，西方民主问题再大，也总比中国连选举都没有强。

因此，我们要和西方谈中国的民主，关键，不是谈"西方民主也有很多问题"——他们知道！也不是谈民主形式的多样性——他们承认！我们首先应该说清楚的是一样东西：民主到底有什么共同的本质特征？中国的民主是不是具备这些共同特征？

我们要告诉外国人，民主的本质特征远不是"多党选举"这么简单。民主的共性不决定于西方的看法，而来源于人类政治发展的道路。每一个国家发展民主的过程中都面临类似的挑战，追求共同的目标：打破少数人对权力的垄断，让更广泛的人民参与到政治决策中来。

因而不管是中国的民主还是西方的民主，最核心的政治内涵是相通的：那就是在政治中的人民参与和人民监督。人民参与、人民监督，这就是民主，不分中外，也不论古今。从这个层面上讲世界上只有一个民主，中国的民主、美国的民主、雅典的民主、乌托邦的民主，都是同一个民主。

除了核心内涵一致之外，不同国家民主的发展道路也有相通之处。以下我们从四个方面，来看看中国民主道路和外国民主道路的某些重要共性。如果我们能从这些角度阐释自己对民主的理解，外国人可能会发现，原来中国人的政治并不属于"另一个世界"。

1. 渐进民主

2012 年，中国"两会"结束的新闻发布会上，美国记者问了时任总理温家宝一个敏感的问题。

美国《华盛顿邮报》记者："温总理，您好！一年以前，我的一个记者同事曾经向您问到一个关于在中国进行直选的问题，当时您表示这个进程应该是循序渐进的，首先中国老百姓应该证明他们有能力来管好一个村的事务，然后他们逐渐可以管好一个乡、一个县的事务。今年，在世界许多国家老百姓都将会通过直接选举选出自己的领导人，人们不禁要问，什么时候中国的老百姓才能够通过这种竞争性、直接性的选举选出他们的领导人呢？"[①]

这个问题问得够直率。拿中国与"世界许多国家"比，语气也够尖刻。外国记者是想拿许多国家的大选，来对比出中国的"专制"。

如果我们仔细去看看这些国家，会发现其中很多国家是在一夜之间通过一场政治剧变来建立民主普选制度的，而不是通过"从村到乡再到县"的渐进方式。如果要和这些国家去"比"，中国的民主发展道路简直就不是走慢了，而是走错了。

可如果把"从村庄开始的民主"和"一夜之间降临的民主"摆在美国面前，美国会选择哪条路呢？

其实美国人已经选过了。美国是世界上少有的、真正"从村庄开始的民主"。17 世纪初，英国的清教徒最初来到美洲，建立起了村庄自治的民主制度。随着殖民地的范围逐渐扩大，民主政治的实践范围也逐渐扩展。一直到 1776 年美国宣布独立的时候，美洲各殖民地的基层民主实践已经开展了 100 多年。

因此，美国的民主不是通过一场轰轰烈烈的独立战争和一部开天辟

---

① "在十一届全国人大五次会议记者会上温家宝总理答中外记者问"，《人民日报》，2012 年 3 月 15 日，第 1 版。http://politics.people.com.cn/GB/1024/17390354.html。

地的宪法突然建立起来的，而是在漫长的时间内不断摸索、扩展和完善的。从1620年的"五月花号公约"到1965年美国国会通过《选举权利法案》最终保障南方黑人的选举权，美国人建成"普遍直接选举领导人"的制度花了300多年。在走向民主的路上，美国人非常有耐心，一点也不急。

欧洲国家的民主则更多以"从上往下"的改革方式逐渐扩展。在英国，最开始选举权和参政权属于一小部分贵族。19世纪开始，民主权利逐渐扩展到新贵族、有产阶级、成年男性，到1928年妇女获得选举权，1969年《人民代表选举法》才最终确认全体18岁以上英国公民的选举权。

英国是现代民主政治制度的鼻祖。可是仔细算来，英国在发展民主政治的道路上是最典型的慢性子。如果从1215年的《大宪章》算起，英国的民主化道路走了700多年。

> 在世界各民族中，英国算得上是一个典型，它体现着一种独特的发展方式——英国发展方式。这种方式以和缓、平稳、渐进为主要特色，即使对世界事务不甚了解的人，也会有一种模糊的印象，即英国是一个稳重的民族，它注重实际而不耽于空想，长于宽容而不爱走极端，在世界历史的长剧中，属于英国的惊心动魄的场面着实不多见。
>
> ——中国历史学家钱乘旦[1]

当然，也有的国家是急性子。法国人搞起政治来就比较追求革命浪漫主义。法国大革命轰轰烈烈建立起人民民主，但很快就被雅各宾派的"人民专政"所替代，然后又变成了拿破仑的"帝国"，接下来封建王朝复辟，然后不断革命和复辟，百余年内反复好几次。到今天，以长期的眼光看，法国的民主化进程也不是一夜之间建成的，只不过流了更多的血，

---

[1] 钱乘旦、陈晓律：《英国文化模式溯源》，上海社会科学院出版社，2003年版，第1页。

折腾和反复得更厉害。法国政治学家托克维尔的名著《旧制度与大革命》就涉及到这个主题。比起美国人温吞的民主发展模式，托克维尔对自己祖国激烈的革命热情不太感冒。①

到目前为止，大部分成功和稳定的民主制度都是渐进发展的。渐进是民主的一大本质特征。原因很简单：民主不只是一种理想，更是一种实实在在的政治制度。所有的政治制度都必须要与社会的需要和历史的条件相符合。社会和历史的演变是渐进的，所以民主的进程也一定是渐进的。今天社会和历史演进的速度更快，民主发展的进程也更快，不会再像美国英国当年那样要花数百年的时间，但也一定是依据社会的条件和现实的需求一步步推进、渐进成熟。

就像商品价格是以价值为基础的一样，政治制度发展最终要以社会客观需求为基础。如果民主的发展脱离了社会的需要，社会最终要付出代价。美国政治学家萨缪尔·亨廷顿在几十年前就发现，对于第三世界国家来说，在一定阶段最需要的可能不是民主选举，而是其他一些东西，比如稳定、安全、发展等。这时候，如果轻率地告诉第三世界人民"选举就能带来你要的一切"，是会出问题的。选举就能立刻遏制腐败吗？印度的选举已经搞了几十年，可是腐败的程度仍然令人发指。选举能立刻消除贫富分化吗？俄罗斯上世纪90年代实现"一夜之间的民主"以后，贫富分化反而更严重了。美国每年3万多人死于枪杀，选举就能让美国"禁枪"吗？甚至我们会发现，正是因为选举，让美国可能永远无法实现在全国范围内全面"禁枪"。因而，把民主简化为选举，就如同把婚姻简化为交媾。民主同婚姻一样，需要容忍、妥协和利他之心。没有这些条件，选举也会沦为冲动和不负责任的行为。在政治中，冲动是魔鬼，像英国这几年在国家重大问题上动辄就要公投，社会就会产生更大的裂痕。

_____

① 托克维尔 著：《旧制度与大革命》（沙迎风 译），北京：光明日报出版社，2013年版。

这些说到的国家都算政治比较成熟的大国。对于很多第三世界国家来说，如果民众的期望值被提高，民主却解决不了他们所期待的问题，结果会是怎样？亨廷顿说，在第三世界你将看到反复的政治动荡、军事政变、族群冲突。

我们不是要跟西方人谈"民主虚无论"。民主并不是虚伪和无用，而是一种结合国家政治发展需要的追求。我们要告诉西方人，中国从他们的经验中认识到，耐心和务实是民主的核心精神之一。因为耐心的精神，热爱民主的华盛顿总统并没有强硬地宣布立即让南方的黑人奴隶拥有和白人一样的选举权，因为这会让当时新生的美国立刻四分五裂；他能做的只是默默拒绝了送到手里的第三个任期，为美国民主的进一步改善保留火种。同样是因为耐心和务实，林肯总统面对南方各州的分裂，没有让人民自主决定自己属于哪个国家，哪怕是要面对绵延数年的残酷战争，也要将美国重新统一起来。

我们还要告诉外国人，中国人非常热爱民主。在民主道路上，中国人曾经比西方更着急。中国人近代以来，经历了反复的革命和动荡，就是为了尽快建立一个现代民主政治的国家。

现在许多外国人都在研究中国改革开放"摸着石头过河"的思想。其实这不是中国独有的经验，而是世界各国政治发展的共同特征。中国希望能够像英国、美国那样走一条更平稳的民主发展道路。中国逐渐变化的社会需求会继续推动中国的民主改革。政府一方面要回应新的政治要求，另一方面要在变革中起到稳定器的作用，避免出现政治动荡。中国最终会走向更完善的民主，用国务院前总理温家宝的话说："这是任何力量所阻挡不住的。"

是的。我曾经不仅一次地提出过，要坚定不移地实行村民自治……我至今还是这样认为，群众能够管好一个村，就能够管好一个乡的事情；能够管好一个乡，就能够管好一个县的事情。我们应该按照这条道路鼓励群众大胆实践，并且在实践中使他们受到锻炼。我相信，中国的民主制度会依照中国的国情循序渐进地得到发展。这也是任何力量所阻挡不住的。谢谢。

——前国务院总理温家宝对美国记者的回答①

2. 实质民主

西方人特别喜欢站在居高临下的角度谈中国的政治民主问题，常常让中国人觉得不太舒服。抛开少部分故意的政治抹黑不谈，多数的西方民众对中国并有什么特别的恶意或者企图。他们不只谈论中国的民主，也谈论别的国家的民主，总觉得全世界就西方自己最民主。前面提到过，他们还有种"传教士精神"，老想把自己觉得好的东西推荐给别人。

所以我说，有些西方人是用宗教的方式来对待民主；而我们中国人要用事业的方式来对待民主。

宗教的方式，就是划一根线，站在我这边来的才是好的，黑白分明。民主成了一种带有道德色彩的评价标准，民主问题的讨论很大程度上成了一种价值评判活动。

事业的方式，就是有一系列要实现的目标，有为实现不同目标而准备的各种手段，并为此持续努力和不断调整自己。民主就是把好的政治目标用合适的手段去实现的一系列工作。

这并不说明中国和西方在民主的实践形式上有什么根本的分歧。恰恰相反，西方自己的民主也是用干事业的方式一点点发展起来的。美国民主几百年的发展，也是在解决一个个具体问题的过程中，通过一个个法案、一个个判例、一点点艰苦的政治改革和社会进步堆积出来的。除

---

① "在十一届全国人大五次会议记者会上温家宝总理答中外记者问"，参见《人民日报》，2012年3月15日，第1版。

了民主，美国人还同时实践法治、自由等精神，防止民主变为"多数人的暴政"，建立一个平衡的政体。

只不过，今天西方政治的民主已经相当成熟，现代民主制度的大厦已经基本建立起来，谈起民主来就开始脱离实际。西方人玩起了民主的文字游戏，划定了许多游戏规则。"选举"就是最主要的一条标准线。有了这条标准线，就可以分出"自由世界"和"不自由世界"，也就有了各种攻击、排挤和颠覆活动。当然，有时候选举这条标准线也不完全严格。比如叶利钦当选俄罗斯总统，俄罗斯就进了"自由世界"，普京当选俄罗斯总统，俄罗斯好像又被踢出了"自由世界"；伊朗总统内贾德也是选举产生的，可伊朗还是"流氓国家"，菲律宾的总统选举也有各种丑闻，却仍然是"民主的橱窗"。民主的文字游戏是有成本的。西方国家民主底子打得好，心里也清楚游戏和事业的界限，一般不会玩到党派决裂、社会动荡的程度。可是有的发展中国家把游戏当了真，就走了很大的弯路。一激动就打内战了。

因此，我们要对西方人说，我们理解你们对民主的精神追求。可是作为一个民主进程还没有完成的国家，中国对待民主还保持着严肃和务实的态度。民主的本质是一个不断改革政治制度，加强人民参政和人民监督，以适应新的社会需求和历史条件，最终达到民众幸福的过程。

这个过程包含一系列艰苦的工作：如何扩大民众的政治参与、如何更好地选举、如何处理好中央统筹和地方自治关系、如何加强舆论对政府的监督、如何实现法治、如何调和不同利益集团的诉求，这些问题，哪一个不需要在复杂的矛盾和相互冲突的诉求中去解决？又有哪一个没有同样困扰过美国、英国或者法国的政治家？而上述这些国家走向民主的过程中，又有哪一个不是利用漫长的时间、突发而来的契机、带有妥协性质的进步和惊人的耐心去逐步地、分阶段地解决？

今天，许多西方人都知道邓小平说的"黑猫白猫，抓住老鼠的就是好猫"。这句话体现了邓小平独特的语言风格。但是它背后的实用主义精神却是全世界伟大政治家的共同特点，与小罗斯福、丘吉尔和甘地处理民主政治的精神没有什么两样。民主作为一种政治制度，它当然首先是要能够回应和解决现实问题。当然，政治制度背后永远不能缺失价值支撑。可是，支撑民主制度的最高价值目标，不是为民主而民主，而是实现给人民带来幸福的良政。各种政治制度安排都是实现良政和善治的工具。

我们要告诉西方人，在他们评价哪个国家属于民主，哪个国家不那么民主的时候，中国人正在想办法控制社会不平等现象、吸纳社会对政府的批评、平衡中央政府和地方政府的关系、处理正在出现的利益集团、完善缺失的法律，在基层实验民主选举、在政府最高层巩固集体决策机制、确定领导人换届制度，这代表着中国在发展民主方面实实在在的努力。当然中国的民主政治还有很多缺陷。西方国家曾经面对的挑战，中国也正在面对，很多方面还可以向西方学习。应对这些挑战、实现政治进步的过程本身，才是民主的实质。

3. 协商民主

现在有一些外国学者开始研究中国的民主特色。有人把中国的民主叫作"协商民主"，也有人说是"纵向民主"。[1] 大致的意思就是说中国的政治决策过程也有竞争性和开放性的特征。不过这些过程多在内部进行，等上上下下商量好了，达成基本共识再付诸投票。于是，中国人投票的时候总是反对票很少。其实民主的商协过程在投票前就已经完成了。

研究者还发现，中国政治投票不多，但开会很多。中国的决策部门

---

[1] 参见约翰·奈斯比特，多丽丝·奈斯比特 著：《中国大趋势》（魏平 译），北京：中华工商联合出版社，2009 年版。

好像每天都有开不完的会，一个事反复磨来磨去，又要听取民意，又要符合上级的方针，还要平衡部门利益，最后好不容易弄出一个政策来，都是"暂行办法"。没准媒体上一反对，"暂行办法"也得"暂缓实施"。

而西方的民主给人印象最深的就是投票。对于一个普通公民来说，好像总是在投票选举，选完总统选州长，选完市长选镇长，选联邦议员、州议员，选市镇上的各种管理委员会。这些议会、委员会每天的工作也是在投票，投票通过这个法律，投票决定那个政策。

所以有人会说：西方的民主是选举的民主，中国的民主是开会的民主。

但这话并不完全准确。中国和西方的民主都有协商的性质。协商是民主决策的共性。西方的选举比中国多，但选举结束并不代表民主决策的完成。民主的最终实现，还要通过获选代表和其他政府官员的工作，最终体现在决策过程和结果上。这就需要协商的能力和精神。因此，协商民主不是中国的特产，而是所有民主的共同特征。

换句话说，民主的基本精神是协商，而不是竞争。民主决策不是利用多数压倒少数，而是充分表达不同的利益，最后达到一个各方都大致满意的平衡。成熟、优质的民主无不是如此。美国人开会比中国人还啰唆。一个国会预算案一年都通不过，除了党争之外，往往也是因为相关项目兹事体大，关系到各方面的利益，需要谨慎协商。

这样说来，中国的民主和发达国家成熟的民主最主要的差距之一，恰恰可能是协商能力和协商精神上的差距。中国某些决策只是体现了部门利益或者领导意志，没有充分吸收各方面的意见，就匆忙上马实施了。中国要向发达国家学习民主精神，首先是要学习充分协商的精神。没有充分协商的精神，公平竞争的精神也建立不起来。

所以，民主的精神不是意味着每个个人利益的完全伸张，反而意味着不可避免的妥协、牺牲与合作。民主政府要为人民利益服务，可是如果人民的利益并不统一呢？按照民主的原则，意见不统一的时候少数服从多数。可是多数又要怎样照顾少数呢？甚至有时候在一些大事情上，利益关系太复杂，很难简单区分多数和少数怎么办？或者有时候民众连自己的利益都认识不清了怎么办？比如，欧洲国家深陷主权债务危机，老百姓希望改革，因此他们选举一个改革家上台；可是当改革改到老百姓自己的福利上的时候——这是不可避免的，他们又把改革派领导人选下去。按照民主的原则，这个时候应该怎么办？

因此，更深入一点说，"协商民主"意味着民主包含着统一性。协商总要有个结果。最后需要决定：哪些人做出什么牺牲，获得什么补偿。在民主制度下，每一个决定都是艰难的决定。做决定的人必须要有高度娴熟的政治技巧、高瞻远瞩的政治眼光和执着坚定的政治信仰。同时，民众要对政治家有高度的信任，愿意做必要的妥协甚至短期利益的牺牲。

回到中国政治。以前我们说自己是"民主集中制"，外国人不太听得懂，也不太能认可。但"民主集中制"实际上就是"协商民主"。协商的最终结果就是一个更科学、更平衡的"集中"。中国近年来的民主发展，主要是在深化"协商民主"上下功夫。政府如何更好地吸纳民意、接受民众的监督？决策如何更加合法、透明？如何提高共产党的决策能力和政府的执行能力？如何平衡处理新的社会矛盾和利益冲突？我们要告诉外国人，中国政治不是铁板一块，也不是党的领袖一声令下，整个社会像机器般机械地运转。在处理不同的利益和复杂的矛盾时，中国人运用民主的原则实现善政的能力正在不断提高。

我们还可以告诉外国人，东方民族的文化非常注重"协调关系"，更喜欢把矛盾放到台面下处理，也更看重政府和政治精英的作用。日本的民主是这样，韩国和新加坡的民主也是这样。中国的民主政治会体现东方式的文化特色。

4. 人民民主

我们和外国人谈民主，有机会一定要提到林肯的名言"of the people, by the people, for the people"，外国人一定很高兴。林肯的这几句话不但被美国人奉为圭臬，对后世的民主思想都有深远影响。后来孙中山把它译作"民有，民治，民享"。我们现在经常说的"人民政府""人民当家作主""为人民服务"，也都对应着相近的意思。

所以不管在哪个国家，民主都是以"人民"为中心的。人民性也是民主的本性之一。在我们中国人的政治观念里，人民是至高无上的。中国人都相信孟子说的"民为贵，社稷次之，君为轻"，连最俗的闲话里都说"当官不为民做主，不如回家卖红薯"。

我们有时候喜欢说西方的民主是"有钱人的民主"、"资产阶级民主"。见到一般的外国人，最好不要这样说。全世界民主精神的核心是相通的。中国注重人民的观念，美国也注重人民的观念。我们和外国人沟通民主，首先要把"人民"的观念作为彼此最大的共识。

但是，"人民"是一个很抽象的概念。落实到具体的问题上，人民的利益往往是分化的，有时候是相互冲突的，为人民服务或者说 for the people 并不是那么容易的。人民当家作主或者说 by the people 也不简单。没有哪个大国的政治事务是由人民直接来决定的，而只能由人民的代表和政府的官员来决定。如何保证人民的代表和政府的官员能够很好地为人民工作，而不是腐化、虚伪、散漫，这在全世界也都是难题。而做不好"民治"和"民享"，最后一条"民有"就更变成了空话。

可能是因为"民有、民治、民享"这套标准太复杂，外国人现在用一套简化思维，把判断民主的标准集中到了"民治"上面。而"民治"也涉及到民众参与政治的形式等复杂的因素，所以干脆再把"民治（by the people）"简化成了"民选 (selected by the people)"。这样，复杂的人民民主变成了简单的选举民主。林肯的"三民"简化成了"一选"。

他自己就不是靠全民选举当选的。除去当时美国没有投票权的妇女和黑人，林肯总统是一小部分美国人民选出来的总统。他的当选还让南部 11 个州的人民很不服，宣布退出美国，另立新邦。要从选举的"合法性"来讲，林肯总统的合法性实在是很虚弱的。可是这不妨碍林肯为推动美国人民福祉和民主发展做出的伟大贡献，位列历史上最伟大美国总统之列。

　　所以，选举虽然是民主的重要形式，但不能替代民主的丰富内涵。"民有""民治"和"民享"，每一样都很不容易，每一样都需要逐渐发展，在发展的过程中相互促进，但没有哪一样是绝对的前提。

　　如果说这"三民"中一定要有一样最重要的话，那一定是"民享"（for the people），政府为人民服务，让人民取得真正的好处。民意如流水，民心如磐石。以很高票当选的总统，如果不能解决社会的问题，回应人民的需求，也会最终失去民意的支持。而能够为人民利益和民族长远发展服务的政治团体，就会真正赢得民心。

　　因此我们也可以告诉外国人，中国共产党靠什么具备执政的合法性，新加坡和日本为什么又会出现"一党独大"的民主。对于新兴国家来说，从落后的殖民地到先进的现代工业社会，需要迎来无数艰苦的挑战。哪个政党能够面对新的挑战不断调整自己，改变国家的面貌，它就会得到民众的支持，它的统治就是民主发展的自然结果。这就是"for the people"在起作用。"为人民服务"是民主合法性的主要来源。

　　总而言之，"渐进民主""实质民主""协商民主"和"人民民主"，都是民主的通性，也是中国政治模式和外国政治模式相互理解的基础。我们从这些角度向外国人介绍中国政治，他们容易理解，也会对中国的做法产生认同。

三、中国民主的特征

和外国人讲中国政治，首先要讲中外民主的共性。但仅此并不能说服外国人。中国的政治制度和西方制度有很大的区别。中国的民主政治哪怕在本质内涵和发展道路上和世界各国有相同之处，但也很显然在走一条特殊的路线。即使终有一日中国的民主成熟时，结出的恐怕也不是跟西方民主一模一样的果子。

怎样向外国人解释中国民主道路的特殊性？在学者那里，这是一个还在激烈讨论的问题。有人说中国的体制是"威权主义"，也有人说是"贤能政治""精英政治"。从学术的角度来说，这些说法都有自己的理论逻辑，但是在对外表达上并不是一个好概念。因为在西方的语境中，它们都是"不民主"的。前面我们强调了，我们对外表达中国政治制度，核心就是民主，中国近现代政治发展的主线就是追求民主。可是怎么说明此民主和彼民主的区别呢？

要说明中国民主道路的特征，可以从一个外国人谈起，他就是古希腊哲学家柏拉图。跟外国人说柏拉图，很容易拉近距离。柏拉图在西方文明中的地位，虽然不一定像孔子在中华文明中那样是"万世师表"，但说其是雅典学院的创立者也相差不远了。柏拉图的学说在西方世界是一种文化常识。普通的西方人哪怕没有完整看过柏拉图的著作，至少也知道《理想国》。而且他们都知道柏拉图政治学的结论，就是建立一个由哲学家来统治的国家。

这里所谓的哲学家，当然就是像柏拉图自己，以及他的老师苏格拉底、他的徒弟亚里士多德那样，充满理性和智慧的人物。他们都是载入史册的伟人，显然不是一般的芸芸众生。柏拉图很坦白地对"普通人的统治"不感冒。对此他雄辩地质疑道：政治是个难度很大、很专业的事，当然应该交给专门的人才来管理。人们连生病了都知道找最专业的医生，为什么偏偏在统治国家的事情上却交给普通人手中呢？这样的情况下，政治权力往往最终落到专擅煽动民众的野心家手中。

从这个角度上来说，柏拉图不是民主派。很多人认为他是西方"贵族政治""贤能政治"思想的鼻祖。西方的思想家里也并不只是柏拉图这样想。比如英国近代大政治家培根，就曾提出过由科学家来治国。在培根的时代，科学精神正在欧洲兴起。他认为现代的管理都可以用科学方法精确计算出来，就相当于今天所说的"数目字管理""技术专家治国"。柏拉图和培根这一派思想在西方的影响力很大。就连美国的国父们在设计美国的民主制度时，也想方设法平衡大众和精英的力量，防止美国的民主演变成"多数人的暴政"。直到今天，美国大选每回都搞得轰轰烈烈，老百姓也只能选出总统和副总统，其他高级官员全部是总统在精英、专家和有钱的"贵族"中挑选和任命的。

跟外国人说到柏拉图并不是要强调中国就是"贵族政治"，而似乎西方就是"平民政治"。就像刚刚说到的，美国也有贤能政治的成分。美国总统任命的部长们往往也是各方面的专家贤达。今天世界各国的政治都有混合的色彩，但都是现代大众政治的一部分，用柏拉图在两千年前使用的概念是说不清的。

我们真正要说的是柏拉图学说中常常被相对忽视的一个部分，那就是作为统治者的哲学家是怎么产生的呢？

在柏拉图的笔下，哲学家的标志不是职业，也不是身份，而是一种能力。他认为人有欲望、情感和理智三种天赋。欲望很强的人，沾染政治就容易腐败，但适合去为国家发展经济；激情澎湃的人搞政治常常成为煽动家，但可以担任军人保卫国家；只有理性强大的人才适合成为政治家。这三种能力没有高低贵贱之分，都可以为社会做出贡献，关键是各得其所，人尽其才。就政治人才来说，即便是天生理性的人，也会有欲望和情感，要成为政治家非经过长期的训练不可。理想国就要把最合适从事政治的人从不同天赋的普通人中选拔出来，加以长期的训练，最终委以领导国家的重任。

因此，说柏拉图的思想是贵族政治，其实有些冤枉。在柏拉图的学说里，有非常鲜明的平等和民主的因素。他认为应该把所有的儿童，不分家庭出身交给国家统一教育。通过普及全民的体育、音乐和文化教育，平衡地滋养儿童的欲望、情感和理智，就能发掘和培养不同领域的人才。到二十岁的时候，通过一次测试，把不同的人才分流到合适的社会岗位中去。

而那些通过测试证明适合从事政治事业的青年，还需要继续经受更加长期的训练和考验。接下来的十多年他们要接受专业的哲学教育，建立靠理智和逻辑分析事物规律的能力。到 35 岁的时候，这些人应该成为哲学家了，但还不够资格担任政治家。柏拉图建议，应当把这些哲学家放到社会底层过普通人的生活，和精明的商人、市井流氓以及阴谋家打交道，在残酷的生活现实中接受多重的考验。到 50 岁的时候，能够经受住这种漫长考验的人已经是凤毛麟角。他们不再是夸夸其谈的学者，而是富有实际经验和坚强意志的思想家。这些少数人将被放到政府管理的岗位上。但他们不能拥有私人的财产甚至家庭，在物质上只能过着最简朴的生活，以防止被权力腐化。对于一般人来说，这是不可能做到的。只有少数经过几十年的哲学学习和实践洗礼的人，才会真正在内心深处认同自己的使命，全心全意地献身于国家。

我大段地介绍柏拉图的学说，是想证明柏拉图实际上设计了一种特殊类型的民主政治制度。国家固然是由少数精英来统治，可是每个人都有机会成为这少数中的一员。好的政治制度就要公平的教育、选拔和约束统治者。有能力经过这种教育和选拔的人，不论高低贵贱，都能成为国家的统治者。这些统治者源自人民之中，和人民生活在一起，代表人民统治，又是人民中的优秀分子。

这样的描述对于我们中国人来说是不是很熟悉？首先这跟中国传统的政治观有相通之处。纵观世界各国的历史，中国古代的政治实践可能最接近于柏拉图的设想。科举制就是通过考试把经历了长期哲学学习的普通人选拔到统治阶层中来。中国人所说的君子，就是通过哲学学习具备统治能力的人。当然，中国古人并不知道柏拉图的构思，而是受到儒家学说的影响。随着儒家学说影响的深入，中国政治在汉朝以前还有比较强的贵族色彩，到隋唐以后官员就主要是通过平等的选拔和考试。中国古代的家庭，不论地域和出身，都希望把子弟培养成为国家的统治者，学而优则仕，因而"万般皆下品，唯有读书高"。有条件进入这套学习程序的儿童从很小就开始"格物致知"，但往往要经过数十年的学习才有机会登堂入室，成为国家的各级官员。在统治阶层中，多数人都是选拔出来的，只有皇帝是世袭的，但皇帝在年幼时也要经受内容相同的，甚至更加严格和规范的学术训练。中国人恰如柏拉图所说的，要么让国王都成为哲学家，要么让哲学家成为国王。

跟柏拉图的设想一样，儒家的政治教育也很重视理论和实践的结合。中国古代的学者经过漫长的书本学习，终于通过了科举考试，却往往不能立刻就"朝为田舍郎，暮登天子堂"。大多数获得科举功名的读书人还要经过漫长的等待，才能得到官职。这些读书人在民间构成了一个庞大的士人集团，一方面获得了士人的特殊身份和待遇，并以不同形式参与国家的政治生活，另一方面又仍然"处江湖之远"，在市井中摸爬滚打。即便那些终于做了官的人，因为父母亡故守孝或者政治原因下野，也难免再次脱离官职，在相当长的时间内回到普通的士人生活，重新学习、思考和写作，直到再次被启用。"用之则行，舍之则藏""劳其筋骨，苦其心智""知行合一"都反映了儒家的政治人才既重哲学又重实践的培养理念。

中国古代的这套政治体制，追求"人皆可为尧舜"，就有了民主的因素；其关键是"学而时习之"，在理论的"学"与践行的"习"的过程中实现"修、齐、治、平"，达到天下大同。

可以看出，儒家的政治理想和柏拉图的政治理想相通。学习和教育在这种政治理想中处于核心地位，也许我们可以称之为"学习型民主"。只不过在古代，理想和现实的差距很大。中国真正实现普遍意义上平等教育，要到现代化以后了。

当代中国的政治制度也有相似的特点。近代以后中国政治发生了很大的转变。中国共产党吸收了西方马克思主义的学说，根据国家现代化的需要，建立当前中国的政治制度，和古代政治制度有天壤之别。但从"学习型民主"的这个逻辑来看，却有一条传承的暗线。

在当前中国的政治体制中，共产党是一个领导者的团体。跟古代的士人一样，这个统治团体是向全体人民开放的，其中核心的要求就是学习。要成为一个共产党员，需要学习马克思主义的学说。其中主要以哲学为核心，包含历史学、经济学等内容。这种训练的目的，是为了让共产党员掌握人类发展的普遍规律，具备统治国家的知识、思维和能力；同时，也为了让共产党员正确对待人性的欲望，建立正确的三观（世界观、人生观、价值观）。经过才与德方面的双重训练，才能成为合格的领导者。

中国共产党的学习制度跟古代士人一样，是知行合一的，也是终身相随的。绝大多数共产党员都会在相当长的时间里在社会各行各业的基层工作，同时接受党的理论训练。那些被安排到领导职务上的党员，往往需要有在基层岗位或者在艰苦地区锻炼的经历，以积累资历。在获得升迁之前，还必须暂时脱离工作，到党校进行专门的理论学习。经过这样反反复复的理论和实践训练，那些能够经过重重考验，走上高级领导岗位的共产党员，被要求在更大程度上降低私欲，全心全意地将自己奉献给国家和社会，以实现公正、高效的政治统治。

可以看出，中国共产党领导下的民主是一种典型的学习型民主。跟中国古代的实践比起来，它存在于一个现代社会之中，普通民众有更广泛的机会参与政治教育和选拔，它的动员方式和能力也是现代大众政治式的，因而它更加接近真正的民主。但在逻辑和方法上，它跟传统儒家传统的理想一脉相通；相比之下，与西方近代以来的自由主义民主逻辑有相当的不同。中国人相信人在政治中是可以教育和升华的；而西方的自由主义学说认为这是乌托邦，权力导致腐败，只能通过制度设计来限制。因而我们可以说中国政治思想更具古典色彩，和公元前三四百年"轴心时代"东西方的思想情趣更接近；而西方自由主义政治思想更加杂合，可能受到了基督教"原罪观"的影响，也可能跟其后来文明历史的断层、资本主义的兴起等条件有关。

让我们对中西方民主的区别做一个总结。

中国民主的核心在人民执政，强调在广泛和平等基础上把普通人培养为政治家，至于这些政治家最终是通过选举、考试还是任命获得职位，这是次要的。因而政治教育和选拔是这种类型民主的突出特色，我们可以称之为"学习型民主"（democracy of education）。

西方民主的核心在人民监督，强调通过选举等制度把民众的要求反映到政府中去，迫使政府对人民负责。这种类型的民主重在对统治者的约束和规范，其核心是民众利益的表达，因而可以称之为表达型民主（democracy of opinion）。

人民参政和人民监督，都是民主的核心要素，都是民主的实践模式。但两种模式侧重点不同，确实会造成相互理解上的障碍。比如中国人就觉得西方的民主选出来都是一些有钱有势的人，因而是假民主，是金钱政治。而西方人则觉得中国根本就不是民主，连选举都没有，政府怎么可能会向人民负责呢？

西方人更不能理解中国共产党。在西方的概念里，政党是代表民众利益、表达民众诉求的团体。民众的利益是多元的，那么政党就必然是多元的。不同的党派在选举中竞争职位、在议会中竞相表达，才能把不同人群的诉求反映到政府行为中去。按这样的逻辑，中国共产党采取一党执政，必然导致专制和压迫。然而，正如前面说到的，在中国政治中，中国共产党是一个以政治教育和选拔为目的的统治者团体，其党纲是围绕着培养党员成为合格的统治者为目的的，根本不是西方意义上的、利益团体式的政党。西方人要求中国采取多党制，那就必须要改变中国共产党的性质。但在中国漫长的政治史中，利益集团式的党派时而存在、时而消失，但政治教育和选拔的统治者团体却千年长存。这是中国政治道路的特色。

由于这些思维差别，要让外国人理解中国政治的特色是很难的。面对西方的责难，我们仅仅靠反唇相讥只会适得其反。西方对中国政治的某些歪曲和攻击是故意的，甚至是恶意的，反映了国家在外交上的斗争。但大多数普通外国人对中国政治制度抱有的偏见，在很大程度上是因为政治文化的不同。政治斗争可以依靠力量，而文化摩擦却只能通过沟通。这样的沟通不是一时间能够完成的，往往需要一代人，甚至几代人的时间。

最终让外国人真正理解中国的政治道路，还需要中国政治模式的不断完善，推动国家发展的全面成功，甚至给西方的政治带来启迪和补充。要实现这个目标，首先要发挥中国式民主的优势。启蒙时代的西方人曾经高度地赞誉中国古代的政治制度，是依靠学者的理性而不是依靠宗教的压制。今天也有少部分外国学者开始承认中国当代政治制度在选贤任能方面的绩效。[1] 近年来，西方式民主乱象频出，反映了其制度设计方面的缺点。柏拉图说，有什么样的个人，就有什么样的国家。如果每个人参加选举都只是为了最大化自己的私利，那么民主社会也会分裂；如果

---

[1] 参见贝淡宁：《贤能政治》，吴万伟译，中信出版社，2016年版。

多数人在政治中不能发挥理性，而任由情感宣泄，那么民主制度只会培养群氓。成功的民主制度不只要约束官员，也要教育人民。全民的政治素质提升，才能从根本上带来政治的进步和民主的巩固。而这正是中国式学习型民主的优势。

发挥中国式民主的优势，关键在中国共产党。今天，中国共产党作为领导团体长年执政，受到权力腐败的挑战；数目庞大的党员群体如何保持政治教育和政治选拔的效率，也是一个难题；更为关键的问题是，如何在理论上保持对自身使命和发展道路的自觉、自信和自省。可以说，中国共产党的政治教育能力和自我净化能力是中国式民主的核心竞争力，不只决定了中国的前途，也决定了一种特色民主道路的成败。

反过来说，中国也要加强民主监督的制度建设，这是西方民主政治的优点。人性的改良和人民政治素质的提高不是一蹴而就的，政治教育会受到一定时代社会经济条件的局限。正如马克思主义学说所揭示的：经济基础决定上层建筑。在古代农业社会的经济技术条件下，柏拉图所设想的全民教育在欧洲从来没有机会真正实现，再加上后来欧洲文明反复的战乱、崩塌和毁灭，政治上长期只能是弱肉强食、武夫治国。而中国，即便是在相对稳定的历史条件下，儒家的理想也只是部分地实现。中国多数朝代实现了文官治国、平等举士，但绝大多数中国人仍然生活在愚昧和贫困之中，没有能力成为政治上的主人。马克思认为，只有人类科技和经济继续发展，达到物质的极大丰富，人的自由和解放才能真正实现，国家才会变为自由人的联合体。今天我们仍然处在一个过渡阶段。人的政治素质要受到这个阶段经济社会条件的制约。

因而，不能只通过党的政治教育来净化和约束党员干部，还必须健全对官员和权力的监督制约机制。这需要依靠法治来规范权力运用的范围；需要对权力的分配和行使精心设计，形成相互监督和制约；需要民主的社会风气，也需要加强和扩大选举的范围。这也是当前中国共产党努力奋斗的目标。

最后，和外国人谈中国的政治制度，可以谈谈民主政治面临的难题。在解决民主监督和制度化建设的问题上，中国在广泛学习发达国家的经验。外国人也可以多了解中国共产党的政治学习和选拔制度，关注一下中国共产党的自我净化方法。政治制度是中国对外表达中的难点，也是最关键的焦点，有的外国人能够理解得多些，有的外国人可能理解得少些。无论如何，我们做到"鲜明说民主，大胆说共性，坦率说差异，真诚说不足"，先从民主的共性和共识谈起，表达中国特色的政治文化和制度优势。我在这一章提出了一些思路，可以帮助读者构建自己的观点和故事。在近年来西方民主政治普遍出现危机的情况下，外国人越来越愿意用平等的态度了解中国政治。除了讲好中国政治以外，中国最终要靠民主实践的不断进步和显著成功，才能让外国人对中国政治拨云见日、刮目相看。

第五章

中国经济怎么讲

一、外国人对中国经济的感受

沟通最大的障碍，在于人们大多数时候沉浸在自己的生活中，不同的生活处境让人们受限于自己特殊的利益和情感需要，可能对同样的事物产生截然不同的看法——即便是对最客观的数字也是如此。

2015 年，中国的国内生产总值超过 6 万亿美元，首次超过日本成为世界第二。中国人对此普遍反应冷淡。日本媒体却大受震动。第二次世界大战战败以后，日本通过二十多年卧薪尝胆，到 1968 年终于成为世界第二大经济体，并一直保持了四十多年。这些位置承载着大和民族实现复兴的荣光。

同样在 2010 年，中国制造业总产值超过美国，成为世界第一。[①] 大多数中国人对这件事甚至未加留意。可是对于美国人来说，从 1895 年他们夺取世界第一制造业大国的宝座，至今已经一百多年。这个数字代表着美国作为世界霸主的尊严。

①中华人民共和国统计局 – 国家数据，2010 年，网址：http://data.stats.gov.cn/easyquery.htm?cn=C01&zb=A0201&sj=2010

相比之下，我们对下面这些更小范围的数字可能就更不敏感了：浙江温州一个小镇桥头镇，生产了世界上80%的拉链和60%的纽扣；义乌市生产了全世界1/4的吸管和1/3的袜子；广东东莞市生产全世界三成以上的玩具。实际上，在整个轻工业领域，中国有100多种产品产量是世界第一，包括钟表、自行车、缝纫机、电池、啤酒、家具、日用陶瓷、灯具、钢琴、地膜等，当然，还有最具代表性的"Made in China"——服装纺织品和鞋。①

这些"中国制造"的"第一"在中国人看来，可能代表中国处在世界制造业的低端，是西方跨国公司的"打工仔"。可是对于同样处在"低端"的东南亚国家来说，却意味着另外一种含义。上世纪七八十年代以后，东南亚各国普遍跟随"亚洲四小龙"的发展模式，承接低端制造业，一度呈现出超高速的经济增长。可是随着中国的崛起，这些国家的低端制造业感受到了竞争。上世纪90年代以前，中国人用的第一批"随身听"几乎全部产自马来西亚和菲律宾等国，可是后来，索尼和松下把工厂大量迁移到中国。90年代初，巴基斯坦国内市场上的玩具还有75%是国产，可如今已经几乎全是东莞货了。

我们不愿意自居低端制造业，力争实现产业升级。可是我们也要知道，许多发展中国家连保住低端都不容易。

更何况，中国已经不只是生产袜子和打火机。2015年，中国汽车产量达到2450.33万辆，稳居全球最大汽车生产国；同时，中国还超过美国成为世界第一的汽车消费国；船舶制造方面，2015年中国已经全面超越一度领先全球的韩国成为世界榜首，船舶总产量占全球的35.1%。在科技制造业产品中，中国产量超过世界一半的有电脑、电视机、冰箱、空调、手机、微波炉和数码相机。虽然2011年7月的动车事故让中国人很尴尬，但中国高速铁路的建设能力和技术创新目前都领先全球。

---

① 段聪聪："中国制造的世界之最"，《环球时报》，2008年12月12日，http://china.huanqiu.com/roll/2008-12/311107.html.

这些数字证明中国已经不只是生产低端小工业品的"世界作坊"，而是真正意义上的具有一定科技含量、规模超大的"世界工厂"。我们对这一地位常常抱着反思的态度。中国媒体和网络上的舆论把焦点集中在技术自有率低、产业链条低端、外资跨国企业取走大部分利润、环境恶化、劳工福利不足、经济结构失衡等等。"世界工厂"创造的许多"世界第一"，给中国人带来的感受更多是新的挑战和不满足。

可是，我们有想过美国人、韩国人和德国人的感受吗？如果我们处在他们的位置，一定会感受到汹涌而来的竞争。

当然，不管外国人怎么看，我们首先要照顾的是自己国民的感受；中国应该按照符合本国国家利益的方向自主地发展。可是，我们也要记住，不管我们是否留意，其他国家的人在中国经济的发展中会受到影响甚至冲击。外国人的感受逐渐积累、碰撞、发酵，会影响中国人的国际形象，也影响中国企业在海外的营商环境，甚至影响中国的外交大局。

此外我们更要注意，如果有一天，我们要和外国人交流，就必须重视他们对中国经济的感受；这时候说话的方式将跟我们平时发表的意见有着很大的区别。我们必须要了解对方在想什么，而不是武断地自说自话。

那么，外国人对中国经济有哪些感受呢？

第一种感受是竞争。今天的世界总体上处在工业时代。在全世界国家从农业文明迈向工业文明的过程中，大量人口从乡村来到城市，脱离田地，进入工厂。工厂可能带来很多问题，但也能够吸收大量就业，并创造整个工业社会的产业链。没有制造业工厂，没有工业产品，就不会有"白领"们工作的贸易公司、广告公司和投资公司，更没有为这些人服务的交通、娱乐和餐饮产业。换句话说，工厂孕育了城市化和现代化。

当庞大的中国成为"世界工厂"，全球的制造业资源向中国聚拢，其他国家的工人就会感受到就业的压力。泰国、肯尼亚这样的小国可以转向发展旅游业。而美国、欧洲等发达国家则开始了"后工业化"的进程，把制造业生产线放在中国，手里抓着最赚钱的工业设计、流通、广告和金融等衍生行业，继续赚取高额利润。

西方国家的办法，看起来很占便宜、很轻松，也很环保，但这样做有两个潜在的风险。一是社会的劳动力是分层次的，不可能所有人都有能力当公司"白领"或者进华尔街玩金钱游戏。因此，随着新兴国家制造业的崛起，近年来欧美国家受教育程度较低的人群就业率一直有问题。这是美国等西方国家的工人阶层产生反华、反全球化民粹主义的社会根源。第二个潜在的风险是虚拟经济的相对脆弱。一旦出现经济危机，跨国公司首先削减的不是生产线上的工人，而是工资更高的广告人员和设计师。在经济波动中，中国的工人也许能保住饭碗，而美国的设计师和金融白领却容易丢掉工作，制造业基础厚实的实体经济比"后工业化"的虚拟经济更加稳定。

因此，2008年全球金融危机爆发以后，欧美的失业率高涨，相关社会矛盾集聚，甚至引发伦敦骚乱、"占领华尔街"等社会抗议运动。许多西方政客就怪罪"中国人抢走了西方工人的饭碗"。这当然是贼喊捉贼。西方国家的制造业向中国转移，是西方大公司主动的行为，它们因此获得高额利润——即便在金融危机之后仍然如此。是资本的贪婪和全球化的生产方式，而不是中国人的辛勤劳作，让今天的欧美社会饱尝失业的痛苦。

在新兴制造业大国的竞争压力下，欧美国家也在苦苦求变。2012年，时任美国总统奥巴马面对美国千百万嗷嗷待哺的失业者，在国情咨文中喊出了"重振制造业"的计划。他的继任者特朗普把这个口号扩展为"让美国再次伟大"，吸引了大量美国工薪阶层的支持。[①]

上世纪50年代，当美国经济地位处在历史顶峰的时候，每三个美国

[①] "State of the Union 2012: Obama Speech Transcript", *The Washington Post*, Jan. 25, 2012, http://www.washingtonpost.com/politics/state-of-the-union-2012-obama-speech-excerpts/2012/01/24/gIQA9D3QOQ_story.html.

人中就有一个人从事制造业，而现在减少到十个人中才有一个。已经"去工业化"的美国要"再工业化"。而据说已经进入"后现代"的欧洲，现在也不得不考虑很现实的问题，如何让享受惯了高福利的欧洲人像中国人一样，多干一点活，少拿一点"免费的午餐"。在全球化的竞争压力下，欧洲没有充分就业支撑的高福利制度已经无以为继，这也是欧洲主权债务危机的根源所在。

因此，不管我们是不是在意，今天世界上有不少人羡慕中国经济，也有一些人把中国看作竞争的对手和麻烦的来源。这和中国经济是不是本身还面对巨大挑战，又是不是西方经济衰退的外因没什么关系。外国人总是通过他们自己那面镜子看中国。

外国人对中国经济的第二个感受是机遇。过去 30 多年，对于外国企业来说，中国是个聚宝盆。虽然在全球制造业向中国转移的过程中，西方跨国公司和高端产业从业者始终是赢家，低端的产业工人似乎越来越接近输家。不过有一点让所有人都获利，那就是每个人都可以享受中国制造的廉价产品。中国商品的低价格无形中提升了外国人的生活水平。随着中国经济的发展和市场的成熟，许多外国人相信和中国做生意可以赚更多的钱，因此全世界近 500 所孔子学院里面挤满了学习汉语的外国人。当中国总理和商务部长带着庞大的企业代表团出访，无论是非洲、北美还是南欧，对当地企业来说就像一场商业盛宴。最后，富起来的中国人开始在全世界大量消费。世界各地的旅游景点和奢侈品专卖店都流行起了中文导购。每年上亿人次的中国出境游客，就像一个流动的中等规模发达国家国家，拥有强盛的消费欲望。中国市场还成了一些国家经济转型和复兴的希望。2005 年，当时还是英国财务大臣的戈登·布朗访问中国，宣布教育产业将成为英国经济新的增长点。[①] 从此以后，中国大学生发现

---

① 《布朗在中国发动对英结构性经济改革》，新浪网 – 财经纵横，2005 年 2 月 22 日，网址：http://finance.sina.com.cn/g/20050222/03121372132.shtml

去英国留学更加容易了，只要担负得起越来越高的学费。

上面我们罗列了中国经济给世界带来机会的很多个侧面。今天，许多外国人都认识到了中国经济发展所产生的正面影响；越来越多外国企业、家庭和个人，也在有意和无意中把自己的发展命运同中国经济联系到了一起。全球化时代的各国经济，不只有竞争关系，也有"一荣俱荣、一损俱损"的共生关系。这也就是为什么今天贸易保护主义甚至排外的种族主义在全世界沉渣泛起，但中国仍然被全世界各国公认是拉动全球经济复兴的希望。

外国人对中国经济的第三种感受是失落。竞争带来的工作机会的流失和市场占有率的萎缩会增加外国人的焦虑，可是失落是另外一种情绪。美国作家法里德·扎卡利亚在他的著名畅销书《后美国世界》的一开头，就用失落的笔调写道："任何黄金年代都有终结之日。极盛时期越是璀璨夺目，终结之时越是惨不忍睹"。[1] 几年前，当西班牙和俄罗斯的商人焚烧中国货品市场时，让他们愤怒的不只是暂时的困顿，而是一种更深的担忧：过去的好日子怕是一去不复返了。而其原因，用英国广播公司的一部纪录片的标题来说，就是"中国人来了"。

大多数中国人很难体会到西方社会正在弥漫的失落感。在中国人看来，西方发达国家有什么好失落的？中国自从 1840 年以后那才叫饱尝失落，直到今天不也还是个发展中国家？按理说，失落是一种通过对比而产生的情绪。有失落的一方，必然会有得意的一方。可是，当今的世界出现了一种奇怪的局面，最发达的西方在怅然失落，发展最快的中国还在卧薪尝胆。好像没有国家踌躇满志、春风得意。这个时代的标签就叫作"世界不高兴"。

不过，平心而论，中国的心灵伤痕恢复得太慢了一些，而西方的心

---

① Fareed Zakaria, *The Post-American World*, W.W. Norton& Company, Inc, 2008.

理失落则有些反应超前。2009 年，中国经济总量甚至还没超过日本，但美国权威调查公司皮尤的调查结果就显示，44% 的美国人认为中国是世界第一经济强国，而只有 27% 的人认为美国是第一强国。皮尤 2010 年公布的一项在 20 国进行的民调结果显示，从 2008 年到 2010 年，认为中国是头号经济体的比例逐年上升，分别是 20%、26% 和 31%，而认为美国是头号经济体的比例则递减，分别为 50%、48% 和 43%。如今，西方的知识界都在讨论中国什么时候超过美国，成为世界头号经济体。早在上世纪末，经济合作与发展组织（OECD）和美国加利亚福利亚研究所的两篇报告，就不约而同地把这个时间定在了 2015 年——当然，是按照"购买力平价"计算。按照同样的计算方法，国际货币基金组织的预测是 2016 年。此外，更多的机构把目光锁定在 2020 年。[1] 最震撼的预测来自诺贝尔经济学奖获得者罗伯特·福格尔。2010 年，他在美国著名的《外交政策》杂志中发文，预言到 2040 年，中国国民生产总值将达到 123 万亿美元，相当于 2000 年全球经济产出的 3 倍。而中国人均收入将达到 8.5 万美元，达到欧盟的两倍多。那时候，中国占全球经济的比重是 40%，美国 (14%) 和欧盟 (5%) 将相形见绌。[2]

面对这些预测，互联网上中国网民最典型的回答是："20 世纪 80 年代美国还说日本要超越美国呢。美国捧你，就是揍你的前奏！"

把中国网民情绪化的表达和西方经济学家严肃的计量研究放到一起讨论似乎并不合适。但这样确实体现了中国人普遍存在的一种思维模式。即使是中国严肃的学者，在一方面承认中国若干年后有可能在经济总量上超过美国的同时，另一方面也总是小心翼翼地强调中国的人均收入和

---

① "By 2020, China No.1, US No.2", Forbes, May 26, 2011, http://www.forbes.com/sites/kenrapoza/2011/05/26/by–2020–china–no–1–us–no–2/.

② Robert Fogel, "China's estimated economy by the year 2040.Be warned," *Foreign Policy*, January/February 2010, http://www.foreignpolicy.com/articles/2010/01/04/123000000000000.

社会发展指标的落后，证明中国即使到那个时候也还是一个"普通"的国家。

看起来，我们一方面不愿高估自己的成就，另一方面似乎想安抚西方的失落，免得给自己招来麻烦。于是，我们和西方谈论中国经济，常常就像一场考试以后班上两个小孩子之间的对话："别看着我。我这次运气好而已。我基础很差的。我还偏科呢！"

可是，这样的话西方已经越来越听不进去了。这倒不完全是因为西方认为中国人都在"放烟幕弹"，在"韬光养晦"、另有所图，而是因为我们现在确确实实拥有的是这样一个国家：2015 年的粗钢产量占世界的 49.54%；2015 年中国的水泥产量达到了 235 千万吨，世界排名第二的印度产量只是我们的零头。中国的煤炭、化肥、黄金等多种资源都排名世界第一。[①] 所有这些资源和生产能力，都在一刻不停地打造一个日新月异、活力四射的国家，甚至出现了巨大的生产能力过剩。而相比之下，西方在金融危机之后生产能力极度萎缩，陷入了负增长的泥潭，长久以来的社会稳定局面正在被打破，改革的共识却迟迟无法凝聚。更重要的是，法国、意大利、英国这样的国家越来越发现，即使他们像工业革命时期的先辈那样努力地工作，面对 14 亿人口的巨大中国，恐怕也永远找不回昔日列强的地位，只能自居为"中等国家"了——还是那句话：好日子一去不复返了。

因此，西方今天的失落感是有理由的，西方对中国经济增长所提出的疑问也是有原因的。就算中国人相信自己的国家只是个"泥足巨人"，也再不能只用"我们不行"这样简单的逻辑来回应西方了。中国人说"我们不行"的时候想传达的可能是"我们没有敌意"，西方人却可能理解

---

① 中商情报网 – 新闻，网址：http://www.askci.com/news/chanye/2016/02/15/162614cx0s.shtml；http://www.askci.com/news/chanye/20160411/141953536.shtml；http://www.askci.com/news/chanye/2016/01/28/16463988iu.shtml；http://www.askci.com/news/chanye/2016/02/01/11145e9tp.shtml。

为相反的意思。在中国经济的问题上，用更好的方式对外国人进行沟通已经是迫切的需要。正如我前面所说，外国人对于中国经济的负面情绪会逐渐积累，影响中国的发展环境。即便美国有一天就像中国网民所预测的那样真的要"揍我们"，也必定要依靠这样全球性的、不利于中国的舆论环境为基础。

在我看来，跟外国人讲中国的经济，关键是讲清楚一件事：中国经济为什么会突然崛起？原因的合理性决定着结果的合理性。而中国经济的发展，恰恰包含着一些不由人意志所转移的因素。西方人要适应的不是中国的脚步，而是历史的脚步。

二、中国崛起之问

要解释中国经济成功的原因，是非常不容易的事情。到目前为止，没有一种现成的理论可以完美解释中国经济发展，也没有一个发达国家的发展模型——不管是英国、德国、美国、日本还是新加坡，可以套用到中国身上。正因为这样，解释中国经济的"模式"或者发展经验，成为当今最引人注目的政治经济学课题之一，成为新世纪以来发展经济学的"哥德巴赫猜想"。许多最优秀的中外学者都投入其中，提出了各式各样的理论。不过到目前为止，中国经济取得成功的原因到底是什么，也还没有真正的定论。

当然，我们接下来的目标不是要攻克这个世界难题。而是要探讨：应该怎样跟外国人解释中国经济成功的原因？

发现原因和说明原因在某些方面是不同的两件事。尽管找到原因是说明原因的前提，但拿出来说明的并不一定是所有的发现。学者的任务是揭示全部真相；可是人际的沟通却要事实和感受并重。当我们面对普通外国民众的时候，应该首先向他们传递那些他们易于理解，同时情感上乐于接受的事实。"镜像理论"告诉我们，照镜子的人不会选择一面他难以接受的镜子。外国人总喜欢拿中国来照镜子，那么我们就要学会做一面聪明的镜子，把握好照镜子的人的感受。

所以，向外国人解释中国经济发展需要特殊的技巧。如果把握不好，拿一些很有见地的理论去跟外国人讲，很可能会起反作用。

比如，谈到中国经济崛起的原因，现在许多外国学者和中国学者都在讨论"北京共识"，以对应所谓的 "华盛顿共识"。什么是"北京共识"呢？很多人把它总结为"国家资本主义"，而相应的，"华盛顿共识"就是美国所推行的、以私有产权为基础的自由市场资本主义。许多学者和媒体在说，2008 年的经济危机以后，"北京共识"正在取代"华盛顿共识"，中国的国家资本主义正在战胜美国的自由市场资本主义。[1]

"北京共识"这个词是美国人乔舒亚·库珀提出来的，我们中国人听了以后大多数都会觉得挺开心。[2]中国人觉得国家的强大、政府主导是推动中国经济发展的客观事实，没有什么问题。甚至有的中国人接受了西方学者的说法，对内还是谈"中国特色社会主义"，对外也开始谈起了"国家资本主义"，觉得这样的提法跟"国际接轨"，外国人更能理解和接受。

可是，如果我们默认一些外国学者的说法，用"国家资本主义"来定义"中国模式"，从公共外交的角度来说会冒很大的风险。严重一点说，这会让中国更容易被西方"妖魔化"，描绘成挑战性的敌对力量。西方人，尤其是美国人对这一点非常敏感。在美国人眼里，"华盛顿共识"背后所代表的意识形态是他们的立国之本。没有自由、民主、私有产权、

---

① 参见周建军、何恒远：《中国转型的世界意义：从"华盛顿共识"到"北京共识"》，《世界经济与政治论坛》，2005 年 01 期。田春生：《"华盛顿共识"与"北京共识"比较初探》，《经济社会体制比较》，2005 年 02 期。

② Joshua Cooper Ramo, "The Beijing Consensus", London: the Foreign Policy Centre, 2004.

市场经济这些"美国信仰"，不同肤色不同语言的移民，怎么凝聚成一个国家？挑战美国的意识形态，就是挑战美国存在的理由。因此，美国人把意识形态威胁看作最高的国家安全威胁，不断对其他的政治观念和制度模式加以贬低、遏制、颠覆，甚至有时候已经到偏执的程度。在这点上，美国连欧洲和日本的"社会民主主义"都看不顺眼，何况一个"国家资本主义"的中国？

我们千万不能忽视拿"国家资本主义"之类概念炒作给西方民众带来的威胁感。2012 年初，美国参议院专门通过报告呼吁遏制中国的文化和意识形态威胁。① 当年 6 月份，美国一度威胁要将中国的文化机构"孔子学院"的人员驱赶出境。在隐隐出现的，对中国意识形态的恐慌中，英国著名的《经济学家》杂志发表文章说："21 世纪的战争不是在资本主义和社会主义之间爆发，而是在不同的资本主义之间展开"。② 这是拿美国和苏联的冷战来比喻中美关系，矛头直指中国。美国总统特朗普的首席战略顾问班农甚至把中国式的国家资本主义和伊斯兰国极端势力列为对美国资本主义最大的威胁。

我并不是否定对于"国家资本主义"的科学研究，更不是说库珀提出"北京共识"是故意给中国"挖坑"。政府对中国经济发展的特殊作用是一个客观事实。不少相关的研究都是严肃而科学的，可以给关心这一问题的人启发。虽然我个人认为用国家资本主义或者别的帽子来总结中国经济模式，条件并不成熟。

但可以确定的一点是，从沟通的"可接受性"的角度来看，把"中国模式"定义为"国家资本主义"确实有公共外交的风险。把中国的经济发展模式总结为国家资本主义，很难和西方人取得思想和情感的共鸣，

① 凤凰卫视：《美参院报告称美国公共外交落后中国 须加大努力》，http://news.ifeng.com/world/detail_2011_02/15/4674777_0.shtml

② 参见赵明昊：《21 世纪的资本主义，战略焦虑下寻找应对之策》，《人民日报》，2012 年 05 月 17 日，http://world.people.com.cn/GB/57507/17908082.html。

不符合公共外交的方法。随手翻开西方媒体，中国的"国家资本主义"常常被简化成了"政治专制、经济自由"八个大字。中国人把强大政府视作常态，可是西方人却根深蒂固地认为强大的政府就意味着对自由的压制。在西方人的固有观念下，"国家资本主义"难免被打上"专制"的标签。

跟国家资本主义的概念一样，很多富有开创性和启发性的想法，都不适合拿来和普通外国人进行沟通。比如，一些学者认为，中国经济发展的秘诀在于城乡二元结构，在于城市对农村资源的低成本使用，或者说"内向性自我剥削"；[1] 还有一些学者认为，研究中国经济的发展不能光看改革开放之后的 30 多年。20 世纪 70 年代以前，中国经济就奠定了工业资本原始积累的基础。另外一些学者提出，中国经济成功的秘诀在于"政府公司化"，地方政府之间有时像企业一样相互"竞争"，激发出改革和对外开放的巨大的活力。[2]

这些理论都引人入胜。它们未必完美准确，但它们共同的卓越之处在于不是从西方课本上的现成理论出发，而是从中国的实际经验和历史事实出发，提出与西方经验完全不同的理论假设。可是作为公共外交的研究者，每当我读到它们的时候，一方面被这些新的想法所触动，另一方面总是忍不住设想：这些理论放到西方的媒体上，会被描述成什么样呢？普通的外国民众能够理解吗？

在我看来，我们向外国人解释中国经济发展，迫切需要提出一些能把"共性"和"个性"相平衡的理论。一方面，我们要告诉西方，中国与西方并不是完全相同，中国可能有自己特殊的发展经验；但另一方面，我们还必须要找到中国经济发展和世界经济发展的共同脉络。回到我在

---

[1] 参见潘维主编：《中国模式：解读人民共和国的 60 年》，北京，中央编译出版社，2009 年版。

[2] 参见张五常：《中国的经济制度》，北京，中信出版社，2009 年版，第 160 页。

第三章介绍的方法，我们需要找到"求同"的切入点。在"共性"的基础上，再分析中国的"个性"，这样更容易让外国人接受，提升沟通的效果。

其实我们现在就有好的"共性"理论。当我们面对外国人，要介绍中国经济发展的原因时，可以用一句话开始：

"我们是新兴国家中的一员。"（We are among the Newly Emerging Markets!）

"新兴国家"，这个词听起来挺专业，但在外国媒体上却很常见。我们经常听到的"金砖国家（BRICS）"，其实就是新兴国家的主要代表。除此之外，国际投资界一度流行的说法还有"展望五国（VISTA）"、"新钻十一国 (Next 11)"等等，都是一些经济发展较快、未来前景很好的发展中国家。

这些发展中国家现在有多厉害呢？以"金砖四国"和"展望五国"的九个国家为例——它们分别是中国、俄罗斯、巴西、印度、南非、印度尼西亚、越南、土耳其、阿根廷。2015 年，中国、印度、印尼、越南等国家都有着较高的 GDP 增长率，分别是 6.9%、7.6%、4.8%、6.7%。而传统西方大国：美国、加拿大、德国、法国的 GDP 增长率则为 2.4%、1.1%、1.7%、1.2%。从发展速度来看，新兴国家崛起已经形成了一股巨大的冲击力量。要知道，在经济问题上，无论是一个国家还是一个公司，往往看的不是存量，而是增量。做投资的人常说，趋势代表着未来。评判国家的经济也一样。鸦片战争爆发时中国的 GDP 仍然是世界第一，可是被发展更快的英国打败了。新兴国家的优势就在于他们的发展态势很好，经济增长的速度不但在广大发展中国家中出类拔萃，和许多经济活力逐步衰退、社会改革步履维艰的发达国家比起来，也形成了鲜明的对比。

中国就是新兴国家中最典型的代表，也是世界上代表"最快一族"

的经济新势力。2002 年至 2015 年，中国 GDP 总量翻了将近 7 倍[1]，从世界第四跃升为世界第二，英国、德国、法国等老牌欧洲列强保持了一百年的地位转眼间被中国超越了。

但现在我们需要向外国人强调：这不是中国一个国家的故事。我们翻开主要新兴国家的经济档案，都会见证跟中国类似的发展轨迹。最近 20 年来，一大批原先落后的发展中国家，呈现出持续、高速的经济增长，这是西方统治世界三百年来罕见的现象。尤其是 2008 年经济危机以后，新兴国家贡献了绝大部分的全球经济增长，与西方发达国家的差距缩小之势进一步加强。而根据提出"金砖国家"概念的美国高盛公司的报告，2050 年，印度、巴西等国家将和中国、美国一起，占据世界经济的最前排。我们心目中的老牌西方发达国家英国、法国、德国等，可能被永远挤到"第一集团"之外。[2]

总之，近些年来，我们看到一种财富从西方向东方转移的现象。传统的发达国家发展趋缓，一批原本长期落后的亚非拉国家在快速崛起。中国的经济发展是这一伟大潮流中的一员。所以，我们应该重视一个事实，那就是中国的发展不只是找到了某种独特的"中国模式"，还搭上了一股伟大历史潮流的顺风车。在一些宏观时代条件的催化下，中国和其他新兴国家一起，发挥各自的特点和潜能，走上了彻底改变民族命运的现代化之路。

如果从新兴国家群体性崛起这个大背景出发，我们可以很有底气地告诉外国人：中国经济崛起的背后，蕴含着不可逆转的历史趋势。

---

[1]《2015 年国民经济和社会发展统计公报》，国家统计局，2016 年 2 月 29 日，网址：http://www.stats.gov.cn/tjsj/zxfb/201602/t20160229_1323991.html

[2] Dominic Wilson and Roopa Purushothaman, "DreamingWith BRICs: The Path to 2050", http://www2.goldmansachs.com/ideas/brics/book/99–dreaming.pdf

三、共同发展的动力

"中国的经济崛起是不可逆转的历史趋势",这句话讲给外国人听,他们一定会问"为什么"。到目前为止,中国的发展模式用西方既有的知识结构还无法完全理解。要说中国的复兴是理所当然的,他们很难接受。

可是,如果说"新兴国家的崛起是不可逆转的历史趋势",许多外国人都会点头。因为近年来一大批新兴国家的崛起确实让所有人感受到一种历史趋势。

首先是时间上的相近。新兴国家经济腾飞的时间大概从上世纪60、70年代开始延续至今,属于同时代发生的事件。要知道,在人类历史上,这样一批国家在同一个时代出现经济跨越性发展、社会面貌巨大变革的现象背后,往往有重大的历史性事件在推动。比如,欧美国家在19世纪中后期的集体腾飞,就是工业革命的结果。

其次是发展道路的相似性。应该说,像中国、印度、巴西、南非这些国家,从地理禀赋、政治制度、文化传统等方面来看本是大异其趣,但是发展的模式和道路却很相近。大多数新兴国家基本上都采取了一种对内发展市场经济,对外实行开放,依托国际自由贸易体制和外来投资推动经济发展的方式。这些国家的外交政策也差不多都是积极融入国际秩序、推动合理的改良,而不是挑战、推翻现有国际格局。

最后,新兴国家崛起的趋势都非常迅猛,在短时间内给本国经济水平和国际力量格局带来了巨大变化。东亚新兴国家,包括中国在内,不少都经历了连续数十年的高增长,至今仍是世界经济增长的引擎。而印度、巴西等规模巨大的发展中国家,在进入21世纪以后也连续多年高增长。这样大规模、持续性的崛起,将产生重大的全局性影响。

总之,这么多新兴国家一起崛起的背后,似乎有某只"看不见的手"

在推动。中国的发展，除了自身特殊的因素之外，一定也得力于宏观的、全局性的动因。在国际上对"中国模式""中国特色"的讨论还没有定论、争议很大的时候，面对外国人，不如多谈谈促成中国崛起的宏观外部因素。这些世界范围内的外因，比中国国内的内因，对外国人来说更熟悉。

那么，推动中国和其他新兴国家共同崛起的宏观外部因素包括哪些方面呢？根据我的研究，新兴国家群体性崛起背后至少包括三大历史性趋势和两个特殊的时代条件。但这太复杂了。我们和外国人进行日常的交流，只要谈清楚一点就够了，那就是技术知识的扩散。

邓小平有句广为人知的名言："科学技术是第一生产力"。每一个人随便看看周围的环境，面前的电脑、头顶的电灯、放在桌上的手机、坐的塑料椅子、吐着冷气的空调，都不过是最近100多年之内才出现的产品。我们今天习以为常的生活方式，实际上是由近现代技术革命带来的、新的工业文明生活方式。几百年来，西方国家正是依靠一系列伟大的技术发明，率先开创了工业文明，通过殖民扩张征服了世界其他落后的农业文明地区，奠定了今天"西强东弱"的基本世界格局。

而今天我们看到西方之外的新兴国家快速崛起，迅猛地追赶西方发达国家，背后那只最关键的"看不见的手"，就是工业技术知识的学习和扩散。

要理解这个现象，首先要理解技术知识必然传播的原理。我们一般的想法会认为，先进技术那么重要，发达国家一定会采取"保密措施"，防止技术知识落到发展中国家手里。

历史证明，这是不可能做到的。因为技术知识和别的种类的知识不同，它具有一种特殊属性，必须应用于生产，才能发挥其作用。只要技术用于社会化生产，其扩散就是不可避免的。

打个比方，假设发明"肯德基"炸鸡配方的美国人哈兰·山德士为了防止配方被别人偷学去，决心永远只在自己的小店里出售独家美味。

三十年以后，山德士的小店可能远近闻名，但我们绝不可能看到今天享誉世界、代表美国餐饮文化的跨国连锁巨头。自家的炸鸡小店和全球连锁餐饮巨头，这是农业时代和工业时代商业形态的区别。

通过对先进技术的"保密"，山德士能够给儿孙留下一个家传的小店，这还是最理想的情况。实际上，在现代的市场经济下，山德士的小店未必能生存下来。因为，山德士的炸鸡如此美味，很快附近别的炸鸡店就会开始模仿山德士的味道。这些竞争者的风味可能没有原版鲜美，但他们规模更大，价格低廉，因此盈利能力和生存能力更强。最终，山德士的小店和他的秘方可能就在一场经济危机过后，被后起的竞争者收购了。

实际上，肯德基的创始人正是因为勇于推广他的技术而使他笑眯眯的画像遍布全世界。在充分竞争的市场经济中，排挤竞争对手的最好手段不是试图限制技术传播，而是最大限度地应用技术，以获取规模优势和市场份额，同时不断进行技术革新，保持技术的领先。新的技术越是得到大规模的应用，越能发挥经济效益；而越是大规模地应用技术，技术就会被越广泛和越快速地学习、扩散。从肯德基炸鸡到微软 windows 操作系统，从瓦特的电灯到奔驰的汽车，现代工业的生产工艺可能越来越复杂，产品蕴含的技术知识可能越来越丰富，可是技术扩散的基本规律是无法改变的。

我们明白了技术必然传播的道理，再看看技术扩散带来的宏伟历史景象。18 世纪末 19 世纪初，工业革命最先在英国爆发。一系列跨时代的技术发明使得英国迅速登上了世界权力的巅峰，成为"日不落大帝国"。

此后，最早由英国人发明的新工业技术就像洪水一样向四方涌动。欧洲国家纷纷开始学习新技术，进入工业革命。往东看，技术革命先是蔓延到德国、法国，然后进一步往东传播到俄罗斯。往西看，工业革命的洪流跨过大西洋来到新生的美国，随后又随着美国军舰继续向西来到日本，打开了东方国家引入先进工业技术的第一道闸门。此后，在英法日等列强的炮舰外交冲击之下，中国、印度、奥斯曼帝国等东方大国也逐渐开始了引入西方先进工业技术的步伐。

另一个现象也反映了技术传播的规律。西方工业技术的浪潮到达东亚以后，出现了"从海岛到半岛再到大陆"的传播过程。20世纪中叶以后，先是日本、新加坡，以及中国香港、台湾等岛屿国家和地区，再到韩国、马来西亚、泰国等半岛国家，最后是中国、印度等大陆中心国家先后迈向大规模的工业化。这种从边缘到中心的轨迹似乎反映了新知识体系学习和传播的渐进过程。

总之，现代工业技术知识的扩散勾勒出了一幅宏大的近代史图景：19世纪工业革命产生的新技术知识就像潮水一样，从英国蔓延到整个西欧大陆，向两侧涌向美、俄两个西方文明的"侧翼大国"，接着来到东方的外围岛国日本、"亚洲四小龙"等，最后进入亚非拉大陆巨无霸级的中心国家，包括中国、印度、巴西等。这个过程带来了一系列国家的相继崛起，在历史的潮涌中荡气回肠、蔚为壮观。

因此，今天中国和其他新兴国家的崛起不过是这一伟大历程的新一站而已。像中国、印度这样的中心东方国家的经济腾飞，标志着工业文明覆盖全球的最终篇章。

这样的比喻生动地描绘出了新兴国家随着工业技术文明的传播不断崛起的过程。但还有一些特例需要甄别。首先，技术必然传播并不意味着所有国家都能够自然而然地崛起。技术知识就像国家发展现代化的源泉，如果把发展中国家比喻成缺水的村庄的话，先进技术的洪流即便已经来到了村子口，也需要挖一条合适的水渠引到屋里来。这一定会涉及到拆迁、建设，甚至局部利益的牺牲。

换句话说，对国家来说，技术学习、技术运用和技术创新是一项系统工程，需要国家从观念、制度、社会结构等各方面进行重大的调整。因此我们看到，所有的新兴国家实际上都经历了一个复杂的蜕变过程，经历了革命和改革的巨大阵痛，很多国家至今还在艰苦地探索，为进一步解放技术生产力而深化改革。在这个过程中，有的国家更成功，比如"亚洲四小龙""金砖国家"，有的国家则陷入失败、停滞和混乱之中。工业化和现代化不是自然而然的，一旦国家无法根据新的需要不断调整适应，就有失败和倒退的风险。

其次，在一定条件下，知识学习往往会比知识创新更容易，这也就是我们讲的发展中国家的"后发优势"。知识真的像流水一样，难于累高，却易于扩散。尤其在今天的"信息时代"更是如此。现代媒体、特别是互联网的出现，创造了一个信息共享的大平台，使得知识的传播几乎成为零成本的事情。在网络时代，知识的垄断和独享变得愈发不可能了。

另外，知识经济也比传统工业经济更有利于后发国家的学习。如今，西方最新发明的网站模式、设计理念、金融创新或者科技消费品，都会在很短的时间内被新兴国家模仿。你有 Facebook，我有 QQ; 你有 EBAY，我有淘宝。信息技术的学习和产业模式的模仿在一些领域呈现出几乎无缝对接的惊人态势。这些都可以帮助我们解释新兴国家近年来的加速崛起。

> 尽管技术是昂贵的并且不易创造的，但一旦被创造出来，一般就比较容易扩散。长期以来，防止技术扩散到军事对手和经济竞争者手中的努力总是失败；无论是诸如希腊燃烧剂和核能之类的军事技术，还是珍妮纺纱机和电子计算机之类的非军事技术都是如此。国家最多只能延缓其军事、经济力量建于其上的技术扩散。尤其在当今世界，技术都是建立在极易掌握的科学知识之上的，国家更不可能防止技术的传播。
>
> ——美国学者罗伯特·吉尔平

从这个角度上来说，今天中国的"崛起"，很大程度上还是在发挥学习的力量，享受在追赶阶段特有的"后发优势"而已。显然，追随性的发展最终会面临瓶颈。新兴国家想要实现真正意义上的"崛起"，必须像西方那样做出重大的自我创新。在这一点上，中国还有很长的路要走。

四、共同面对的挑战

跟外国人讲中国经济崛起，多讲讲全球新兴国家崛起的大趋势、讲讲工业文明向全球扩展的大背景，他们会更容易理解。在浩浩荡荡的新兴国家崛起浪潮中，中国经济显得特别突出，有两个原因值得和外国人说说：

一是中国的学习能力特别强。这是东亚儒家文明国家共有的特点。因此也有人干脆把今天新兴国家的崛起称之为"亚洲的崛起"。[1] 跟中国相比，许多别的发展中国家要么包袱过大、变革的步伐缓慢，要么走向另一个极端，全盘照搬外国的模式，放弃探索本国的发展道路，现代化过程出现周期性的动荡和倒退。因此，我们讲中国的学习能力，还包括了中国人善于包容、调和和创新性吸收的能力，还不完全等同于模仿的能力。

第二是中国的规模特别大。无论从国土还是人口来说，中国都是一个巨无霸级的国家。中国每个人多创造一点点产值，乘以 14 亿，就会产生惊人的眼球效果。这就像一只大象，迈步很艰难，但是每往前踏下一步，整片森林都会感觉到震撼。

因此，我们要学会站在"大象"的角度看待中国与外国的关系。作

---

[1] Kishore Mahbubani, The New Asian Hemisphere, New York: PublicAffairs, 2008.

为一只大象，不能总是说自己还很弱小，但可以告诉别人，大有大的难处。同样的困难，对大象来说可能比对猴子来说更难解决。这是一种更客观、更有说服力的沟通方式。

在这个意义上，我们除了和外国人谈中国经济崛起的原因，也需要谈谈中国经济面临的问题。谈中国经济的问题不要只是为了证明"我们真不行"，而是要告诉外国人"我们也一样""我们和你们面对类似的麻烦"。同样的麻烦，对中国来说也要放大到14亿人口之中去解决，只会更加艰难，也因此更加需要外部的理解和合作。

下面选取几个外国民众最熟悉的经济问题。

1.就业问题

金融危机以后，失业率成为西方经济的最大梦魇。最近几年来，美国和欧洲的一些政府为了提高就业率，出台政策刺激经济、以国家资本投资项目，甚至采取保护主义措施排挤外国竞争者。新任美国总统特普朗甚至要在墨西哥边境筑墙，并驱赶1100万非法移民，目的就是为了提高美国本国人的就业率。美国政客还普遍将美国的困境归咎于中国的崛起。也正因为西方一些媒体和政客的宣传，西方人正在形成一种普遍的印象，那就是中国人现在的日子很好过，因为"工作机会都跑到中国去了"。

其实大多数西方民众并不会愚蠢到完全受政客摆弄。他们知道工作机会转移到中国去，主要并不是中国人的错。西方民众不满的焦点主要集中在本国跨国公司和大资本家。西方媒体和政客夸大来自中国的竞争，很大程度上只是想转移国内矛盾。中国又一次扮演了镜子的角色。

但西方民众在情感上的失落需要弥补。否则，"拿中国说事"的宣传策略久而久之会产生潜移默化的心理效果，加强"中国是对手"的形象。所以，跟外国人谈谈中国的就业问题，有利于实现彼此的理解，缓解西方人嫉妒中国的极端情绪。

我们应该告诉外国人：中国人也一样面临就业难题。甚至对中国人来说，要找一份工作的压力还要更大。以高校毕业生为主的青年就业群体的数量还在持续增加，这对就业产生了很大的压力。2016 年的高校毕业生是 765 万人，比 2015 年又增加了 16 万人，而且中职毕业生和初高中毕业以后不再继续升学的学生大约也是这个数量。青年的就业群体加在一起大约有 1500 万左右。而中国经济即使保持现有的增长速度，每年也只能安排 1200 万个就业岗位。

换句话说，每年在中国，有相当于整个澳大利亚人口数量的劳动力需要找到工作。为此，中国把自己变成"世界工厂"，以非常低廉的工资提供就业机会。可是即便如此，每年也只能解决一大半工作需求。这就是一个普通中国劳动者要面对的就业形势。

除此之外，中国的就业问题还有更复杂的一面。中国最底层的蓝领工人开始厌倦低廉的工资和恶劣的工作环境。如果工作条件得不到改善，他们宁愿放弃在沿海省份工厂里的职位而留在家乡找些活干。可是中国沿海的工厂很多只是为欧美的品牌企业代工，利润微薄，无法担负劳动力成本的快速上涨。于是，中国出现了一边有人找不到工作，另一边工厂却招不到工人的情景。这是中国经济结构性失衡的一个侧面。

所以，面对被失业问题所困扰的西方人，我们要表达中国人对失业问题的敏感。中国经济的增长速度正在逐年放缓。如果经济增长放缓的速度过快，中国可能出现庞大的失业人口。不是以千万计，而是以亿计。美国人现在面对的困难一旦放到中国，就会放大 10 倍。这种量级差距是西方人最需要理解中国的方面之一。

2. 社会保障问题

社会保障是美国和欧洲政治矛盾的焦点问题。当年奥巴马总统曾说，美国几千万人没有医疗保险，这样的社会是不正义的。可是，他也许不知道，在中国没有医疗保险的人口也有数千万。而在有医疗保险的人中，大多数人的保障水平非常低。他们如果到医院看病，有一半以上的钱还得自己掏。在中国，政府在医疗、教育等社会保障方面承担着巨大的压力，再加上住房问题，被一些网民戏称为"新三座大山"。比起中国领导人要在14亿人口中解决这些问题，身为美国的总统应该为身在美国感到庆幸。

中国领导人每天早上起床开始工作，就会面对各种民生问题。中国已经是世界第二大经济体，可是中国政府投入教育和医疗的经费却连许多发展中国家都不如。2015年，中央财政医疗卫生累计支出达到15700多亿元，医疗卫生支出占中央财政支出的比重从2008年的2.35%提到2015年的4.23%。而2012年的世界平均水平则为9.7%。中国政府在教育经费上的投入同样没有达到世界平均水平。

那么中国政府都把钱投到哪儿去了呢？中国国内外都有些批评的言论，认为许多钱都被浪费或者官员贪污掉了，这样说并不公允。浪费或者贪污对中国政府来说是一个很大的问题，但这无法解释中国到目前为止取得的成就。实际上，中国政府把主要的财政开支用于影响经济增长：建设基础设施、投资新产业、补贴低收入的地区和人口，大多数贪污和浪费是在促进经济增长的同时伴生的。前面讲过，中国政府必须尽量避免出现上亿人口失业的局面，一方面要尽量保持高经济增长率，同时又要解决高增长带来的新问题，尤其是民生问题，也包括贪污、浪费和贫富分化的问题。这有一个漫长的博弈和平衡过程。这也就是为什么从社会发展指数来讲，中国还属于发展中国家的原因。

3. 金融资产泡沫

全球经济刚刚经历了一场泡沫破灭。美国、欧洲和其他一些国家的人们至今还在为此忍受折磨。相比之下，以中国为代表的新兴经济体一度看起来"风景独好"。但实际上中国的经济泡沫已经引发了普遍的、深刻的担忧。中国经济未来几年可能面临巨大的挑战。

2015 年，日本、美国、俄罗斯、印度、韩国、中国的 GDP 增长率分别为 0.5%、2.4%、–3.7%、2.6%、7.6%、6.9%。[①]

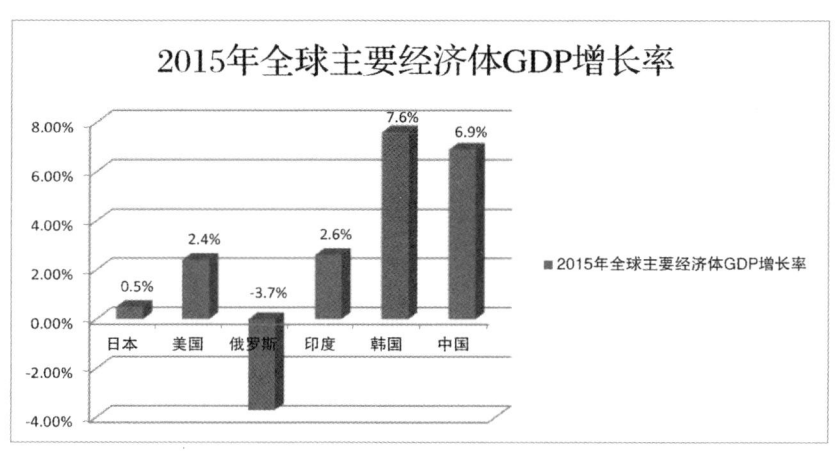

在美国，金融危机最初是由房地产市场的次级贷款问题引发的。而今天中国的房地产泡沫已经让人感到担忧。根据统计，北京、上海、深圳等几个大城市的房价已经达到或超过纽约曼哈顿和德国柏林的房价，但是这些中国城市的居民收入水平却与国外相差数倍。中国城市的平均"房价：收入比"和"房价：租金比"，都比国际认可的合理标准高出一倍以上。过高的房价积累的社会矛盾，让许多买不起房的家庭不敢消费，增加了中国经济转型的困难。

房地产只是中国经济过度依赖投资的发展模式的一个缩影。在延续十多年的投资浪潮中，中国许多产业都出现了资本过度扩张和产能过剩。

---

① 世界银行 – 数据库 –GDP 增长率，网址：http://data.worldbank.org.cn/indicator/NY.GDP.MKTP.KD.ZG?year_high_desc=false

2015 年全国粗钢产量 8.04 亿吨，占全球比重的 49.54%。[①]可是过剩的钢产量却使中国的钢铁企业利润低迷，再加上上游国际矿石巨头的挤压，生存环境相当艰难。中国沿海的加工制造业同样面临惨烈竞争，当国外市场需求衰退的时候，大量外贸企业游走在倒闭的边缘。

中国政府正在试图遏制日益吹大的经济泡沫。但这很困难。在市场经济中，中国已经出现了利益分化的倾向。持有房屋的人希望房价会继续上涨，而没有房屋的人则要求政府让房价下跌。在产能过剩的情况下，新的资金进入制造业并不能带来满意的利润，许多现金最终流向了金融和投机市场，这加剧了制造业的衰退和金融系统的风险。一些大型企业垄断着行业资源，他们不愿意看到开放的市场竞争出现，甚至排斥不利于自己的新技术和新产业。地方政府高度依赖投资增长的发展模式，害怕经济降速引发的失业问题。跟欧洲国家一样，中国的一些省市地方政府还面对着不同程度的债务问题。

我们要告诉外国人，跟经济衰退的西方一样，高速增长的中国也有利益冲突、政策争议、不确定性，以及由此带来的社会痛苦。中国未来几年还必须设法化解经济泡沫，避免像西方那样出现剧烈的经济危机。所有这些问题都被写到了中国共产党关于深化改革的文件中去。但要完成 140 多项改革目标，这是难以想象的艰难任务。

4．贫富分化

经济增长似乎从来就不是自动导向社会公平的。市场竞争总是区分成功者和失败者。增长率越高，贫富分化带来的张力可能越大。1978 年，一个中国城市居民和一个中国农民的年均收入相差 209.8 元，到 1992 年

①《2015 年中国粗钢产量 30 年来首降同比下降 2.3% 仍占全球比重 49.54%》，中商情报网，2016 年 2 月 15 日，网址：http://www.askci.com/news/chanye/2016/02/15/162614cx0s.shtml

是 1242.6 元，2015 年这一数字达到了 19773 元。这个拉大的数字背后虽然有通货膨胀的因素，但是今天，中国大中城市和农村生活水平确实有了相当大的差距。

最大的差距出现在东部的城市和西部的农村之间。2015 年，北京市的人均收入水平是西部一些地区的四倍多。[①] 今天中国很快就将超越日本成为世界第一大奢侈品消费国。这些昂贵的消费几乎全部由东部的几千万最富裕的城市人口来提供。2015 年农村贫困人口 5575 万人。[②]

如今的中国民众担心的，不只是经济收入差距的扩大，还有发展机会的不公。尽管中国所有的孩子仍然像过去一样通过公平的考试进入大学，可是生活在最贫困山区的孩子与东部大城市的孩子所接受的教育差距越来越大。有统计表明，中国最好的大学里面，来自贫困阶层的年轻人越来越少。这是经济竞争和教育竞争的自然结果。对于那些最贫困阶层的青年来说，他们通过自我努力改变命运的机会看起来正在变小。

许多父母拥有数套房产、使用着国际上最流行电子产品的年轻人，和那些只能通过举债来完成大学学业，并有可能在毕业以后就难就业的年轻人，共同生活在中国社会里。国际上通常把基尼系数作为衡量收入差距的重要指标，一般认为，当基尼系数处于 0.4 ~ 0.5，表示收入差距过大，根据国家统计局发布的数据，2015 年全国居民收入基尼系数为 0.462，处在高风险的警戒线。

上面所举的事例表明，每一个国家都面对不同程度的经济问题。和外国人谈中国经济，与其停留在增长率的数字或者说不清楚的"模式"上，不如多谈谈这些具体的经济问题。这些问题更容易引发共鸣，并带来深

---

① 《2015 年国民经济和社会发展统计公报》，国家统计局官网，2016 年 2 月 29 日，网址：http://www.stats.gov.cn/tjsj/zxfb/201602/t20160229_1323991.html

② 《2015 年国民经济和社会发展统计公报》，国家统计局官网，2016 年 2 月 29 日，网址：http://www.stats.gov.cn/tjsj/zxfb/201602/t20160229_1323991.html

入的沟通。和外国人讨论中国经济在这些问题上面对的特殊挑战，可以帮助他们对中国有一个更全面的认识。一个外国人如果只是看看国际货币基金组织发布的年度中国经济发展预测，或是在网络上看中国人如何抱怨住房问题，都不可能很好的了解中国经济的全貌。中国是一个新兴经济体，充满了活力，有很大的发展空间，可是也要面对许多不确定性和挑战。要让外国人更全面地理解中国经济，我们的媒体、官员和普通民众在和外国人见面之前，有必要多做些功课。

第六章

中国外交怎么讲

一、外国人眼中的中国外交

外国人看待中国政治、经济的方式与中国人不同，对中国外交的理解也是这样。外交研究算作我的老本行，我听到过不少关于中国外交的趣事。有一次，一位老大使告诉我，国内老百姓总是嫌中国的外交"太软了"，还有民众给外交部邮寄钙片。

我不确定外交部的收发室里有没有收到过钙片。但大多数中国人确实是站在"威武不屈""扬眉吐气"这样的视角上看待中国的对外关系的。比如有不少中国人认为，中国怎么能让菲律宾这样的小国"欺负"呢？当年中国弱小的时候都不怕打仗，现在强大了怎么还越来越不敢打了呢？

知道外国人怎么看中国外交吗？非常有意思，恰恰相反。最近国外流行一个词叫作"中国傲慢"。2011年，法国著名记者伊斯哈勒维奇出了一本书，书名就叫《中国的傲慢》。在网络上搜索"中国傲慢"，你会吓一跳，日本人、韩国人、美国人、东南亚人，国外的媒体、博客、论坛，都在说这个词。

中国最近在外交和军事上的魄力显然是由其过分自信的状态推动的。尤其是在海洋航行自由问题上，这种傲慢已经造成了恐慌。

——日本《外交家》网站[①]

去年回韩国时，我与一个大学同学见面聊起中国……"最近在韩国，一般人怎么看待中国呢？"他引述当时刚刊登的一则关于中国的报道里的话说，包括他在内的很多人觉得中国越来越"傲慢"。说实话，他的回答出乎我的意料。在中国生活过、深谙中国文化的他如此评价中国，让我感到中韩之间确实存在一个鸿沟，并且似乎这个鸿沟正在逐渐扩大。

——一个韩国留学生的博客[②]

改革开放30年来的巨大成就不仅给中国带来了前所未有的物质财富，而且也不可避免地让中国染上了狂妄和傲慢之风。

——英国BBC评论[③]

最有趣的是菲律宾共产党2012年7月初发表的一篇关于中菲南海岛屿争端问题的声明。这篇声明强烈抨击了本国阿基诺政府通过对中国"毫无外交策略、煽动性的"言语来挑起冲突，还长篇大论地谴责了美国，说美国是想利用中菲冲突加大其在南中国海的"帝国利益"。不过在声明中菲共也打了中国一大板，说中国对岛屿主权的维护太过

[①] Patrick Cronin & Paul Giarra: "China's Dangerous Arrogance", July 23, 2010, http://thediplomat.com/2010/07/23/china%e2%80%99s-dangerous-arrogance/

[②] 金宰贤："为何韩国人认为中国变得傲慢？"，http://jinzaixian.blog.caixin.com/archives/39930#more

[③] Shirong Chen: "China scholars warn of growing national arrogance", 11 August, 2010, http://www.bbc.co.uk/news/world-asia-pacific-10941998

"傲慢"。①

看起来就连国外跟中国观点最接近的人，也都在说中国"傲慢"。在中国人眼中属于顾全忍让，甚至在部分中国民众眼中归于"软弱"的中国外交，怎么到外国人那里就变成"傲慢"了呢？

前面我们说到过，发现外国人的看法和我们不一样，先不要急着反驳。站在对方的角度想想：他们为什么这么看？换位思考是一切成功沟通的基础。

当然，也有朋友跟我说，在主权问题上有什么好沟通的！我只好问他："你有没有好奇菲律宾人想要干什么？"

他点点头。

我说，那你还是可以换位思考，即便仅仅是为了想知道。

站在外国人的角度上，你很难觉得中国政府对外很"软弱"，更不会觉得中国人"不敢打"。1950 年，中华人民共和国刚刚成立，中国就在朝鲜和美国所领导的"联合国军"打了一仗。当时美国刚刚打赢了第二次世界大战，击败了有史以来最强大的军事帝国的法西斯德国和日本，其经济实力独步全球，而且是世界上唯一拥有核武器的国家。美军进入朝鲜以后，连苏联都不敢贸然出兵朝鲜直接和美国抗衡。可是中国人民志愿军跨过鸭绿江，最终依靠顽强作战，在抗美援朝战争中把美军逼回了"三八线"。

十多年后的 1969 年，中国和苏联在中苏边境也打了一仗。这是中苏关系多年来持续恶化的结果。要知道，当时中国和美国在朝鲜还只是"停战"。在冷战时期，世界上有两个超级大国美国和苏联。世界上的大多数国家要么站在美国一边抵抗苏联，要么站在苏联一边抵抗美国，要么

① "Oppose US interference in the South China Sea conflict! Build people's solidarity to seek a peaceful resolution of Spratlys conflict！" http://www.philippinerevolution.net/statements/oppose-us-interference-in-the-south-china-sea-conflict-build-people-s-solidarity-to-seek-a-peaceful-resolution-of-spratlys-conflict.

两不招惹以求自保。数十年内，与两个超级大国都分别进行过直接战争的，全世界没有第二个国家，只有中国。

1962 年，中国为保卫藏南和新疆领土和印度开战。当时的印度是个什么国家呢？前面提到，冷战中世界分为西方阵营和苏联阵营，但还是有几十个国家希望在美苏之间走"第三条道路"，建立了"不结盟运动"。印度就是"不结盟运动"的主要领袖之一。当时的印度总理尼赫鲁野心勃勃，四处伸手，要把印度打造成第三世界的头号大国。结果印度军队在喜马拉雅山麓从人民解放军那里吃了苦头。

从 1979 年开始，中国和越南在边境地区也发生了军事冲突。当时的越南也不是一个一般的国家。几年前越共军队刚刚赶走了的美军，统一了越南全境，并向周边国家迅速扩展势力，是当时世界军事舞台上最耀眼的新星。越南军队的建设还得到了苏联的支持，自诩为美苏之外的"世界第三军事强国"。[1] 而当时中国已经和美国建交，开始了改革开放。中越之间的战争断断续续，一直打到 1989 年苏东剧变、冷战结束才停止。

这是中华人民共和国成立以后四场主要的对外战争。你觉得这样的几场战争会给外国人留下什么印象呢？中国人不是不敢打，而是专拣最厉害的打！谁称霸就跟谁打！中国不仅敢打，打得还比较有智慧，基本能做到收放自如，达到战争需要的政治效果，不像美国人有时候打赢了又陷进去，最后还吃亏——上世纪的越南战争和最近的伊拉克战争都是这样。

我经常听到有些朋友说，中国要崛起，不能怕打仗。还有朋友说"中美必有一战"，否则美国"亡我之心不死"，也不会承认中国的崛起。

对未来战争的判断当然可以是仁者见仁，但自己人探讨也就算了，对外国人千万不能这么说。真要靠战争让美国见识中国的骨气，60 年前

---

① 邱志方：《还击"世界第三军事强国"》，《军事历史研究》，1999 年第 3 期，第 172 页。

朝鲜战场就打过了。当时实力处于相对鼎盛时期的美国和新生的中国打成了平手。从那时起，美国想用直接军事入侵来灭亡中国的心，就差不多已经死了。美国即使还有"亡我之心"，也主要是通过其他手段。

现在媒体上总在说美国在军事上"包围中国"，什么第一岛链、第二岛链，听起来好像美国人正在步步逼近，准备打进来一样。但更贴近事实的情况是，美国在中国周边所做的部署，基本的出发点是对中国的防范。从几十年前的朝鲜战争开始，美国就始终对中国的军事能力深为忌惮，要做好最坏准备，防止中国崛起之后进行"军事扩张"。

美国在中国周边的军事部署，是进攻性的还是防御性的，这对我们来说是一个很重要的判断。许多国际政治学家认为，在可以预见的未来时期内，只要中国自己不出问题，美国军队就不敢直接打进来，并会始终提防中国打出去。这是判断当代中美关系基本性质的前提之一，也是我们可以和美国建立"新型大国关系"的原因。

所以，即使是美国这个世界第一强国，和中国交过手，对中国的力量也是有所忌惮的。从同样的角度上，我们也要了解印度、越南和俄罗斯这些昔日战场对手对中国的心理，包括其他周边国家的心理。在这些国家的回忆里，中国可不是"软柿子"，而是一个遇强更强的"狠角色"。更何况中国这么大一个块头，经历了迅速的发展，国力已经是今非昔比。因此，中国动辄就容易被指责为"傲慢"。这不是说周边国家都把中国当成对手，而是说周边国家在与中国积极发展经济和政治关系的同时，在很长一段时期内，将始终对中国的实力有点担心。这样的心理也是人之常情。

总之，很多国家对中国对外政策的印象不是软，而是硬，这一点我们要了解。外国人的这种看法不一定对，但我们要知道他们是怎么看的。如果不去了解这些心理，就没法理解今天为什么在中国周边会盛行"中国威胁论"，一些周边国家又为什么总是一方面和中国加强合作，另一方面又希望美国"重返亚洲"、"平衡中国"。①

外国人对中国外交的第二种认识，那就是中国外交的实用主义。

所谓实用主义，就是图实利，不拘于意识形态教条，也不讲太多价值原则和主张。

其实中国外交并非不讲价值原则，但确实也有非常务实的特点。新中国建立以来打的几场战争体现了中国反对霸权主义的价值观，但背后也有非常务实的战略考量。"兵者，国之大事也"。打仗为了什么、要付出多大代价、要获取什么政治利益，都是有慎重判断的。国家打仗可不是青年小伙在街边打架，一怒冲冠就可以做的。

这几场战争，有的表面上是为了领土争议，实际上有更复杂的大国博弈背景。中国当时处在冷战漩涡的中心，这么大的国家靠闭关锁国又实现不了现代化，因此中国必须在复杂的大国斗争中，为自己争取生存和发展空间。是联苏抗美，还是用美抗苏，是"一边倒"，还是"两个拳头打人"，还是"一条线，一大片"，这才是根本性的战略问题。不仅仅是保护多少平方公里的领土那么简单。总体来说，中国在大国夹缝中表现出的灵活性是惊人的。没有这样的辗转腾挪，中国在冷战时期的生存环境就会非常艰难。

到了新时期，战略目标随之做出了调整。1989 年以前，中国外交面对的最大现实问题就是冷战的国际环境。在复杂的环境下，中国最大的现实政治目标就是生存。为了生存，朋友和敌人可以经常变换，打仗也在所不惜。这就是冷战时代的实用主义。

随着冷战的结束，中国面对的国际环境发生剧变。如何更好地发展，是中国面对的主要问题。所有的对外政策都要围绕着发展来进行，这就是后冷战时代的实用主义。这种以国家全局利益为中心、以促进发展为

① 于景浩等："亚太国家心态复杂看美国新军事战略"，《人民日报》，2012 年 1 月 8 日。

目标的实用主义风格，成为新时期中国外交的鲜明标签。

总体来说，外国人对于中国外交的实用主义是有正面评价的。美国媒体曾把中国的外交叫作"笑脸外交"：走到哪里都笑脸迎人，回避不必要的政治漩涡、多方拓展经济合作——用中国人的话说叫"闷声大发财"。而美国在最近 20 年来到处打仗、花钱无数，结果世界上恨美国的人却好像越来越多，还招来了恐怖主义。美国人觉得自己一腔热血，却让笑脸迎人的中国人赚钱，白捡了便宜。

当然，一些国家也看准了中国外交的实用主义，认为中国在当前的国际局势下，一切以经济和社会发展为中心，不会轻易地为了领土争端而打仗。于是他们才敢在美国的暗中支持下，在领土问题上不断发起挑衅，希望搅动局势，捞到一点好处。

不过这种挑衅很难起到什么实质性的作用。经过多年的发展，中国和周边国家在经济上已经密切融合，中国有很多方式和手段可以把周边的局面有效稳定下来。更何况中国并没有放弃使用武力的权利。一些国家不断在领土争端问题上给中国制造麻烦，但只要中国妥善、耐心处理，就动摇不了中国国家发展的根基。

反倒是外国人对中国外交的另一些攻击，更有杀伤力。近年来，越来越多的外国舆论除了指责中国外交的"傲慢"，还把中国外交的实用主义方针描绘为"功利主义"，批评中国在对外关系中只顾经济利益，缺乏道德原则，纵容第三世界的"流氓政权"。作为"笑脸外交"的大师，中国对于西方所制裁的那些国家，如朝鲜、缅甸、委内瑞拉、苏丹、津巴布韦等，会像对其他国家那样张开怀抱，开展经济和政治合作。这越来越成为西方攻击中国外交的借口。

大多数中国民众对这种攻击的危险程度认识不够。前一章我们谈到过，在西方人普遍的政治观念里，世界被划分成正义的"自由世界"和邪恶的"不自由世界"。西方国家试图要把中国描绘成流氓国家的"保护伞"，全球"邪恶势力"的"总后台"。这种角色塑造对中国长远的外交大局来说危害是极大的。

另一种影响中国形象的攻击是"新殖民主义"。近年来这种声音主要在非洲出现。随着中非经贸关系的发展，中国在非洲的经济影响力日渐上升。西方和非洲当地的一些媒体开始攻击中国在非洲只关心本国的经济利益而不在乎当地人民的利益；中国企业只想拿走非洲的自然资源，对非洲当地社会既不融入、也不回馈。中国被描绘成自私自利、不负责任的掠夺者形象。这种形象在西方媒体上不断发酵，正日渐上升为中非关系的巨大挑战。

前面谈到过近年来流行于西方的"中国责任论"。现在西方不只要中国对非洲"负责任"，还要中国对全球气候变暖"负责任"，对世界经济复苏"负责任"，对叙利亚的内战"负责任"，对各种大大小小杂七杂八的事情负责任。美国不愿意再维持过去"美国打仗，中国赚钱"的老局面了，不愿意看到中国继续"闷声大发财"。长期以来给中国带来很多好处的实用主义外交，将面对越来越多的抹黑和指责。

总之，外国人对中国外交有两点最主要的看法，一是中国具有大国的力量和雄心。这让西方和周边国家对中国的发展都心怀忌惮。这种心理是"中国威胁论"的基础。

二是中国在对外关系中采取灵活的实用主义方针，取得了对外经贸关系的发展，让西方国家心理酸溜溜的，觉得被中国免费"搭了便车"，于是要求中国"掏钱补票"，同时攻击中国的实用主义外交是只顾利益，不讲原则，自私冷血，搞殖民主义那一套。这是"中国责任论"的心理基础。

我们和外国人谈中国外交，就要做好准备和"中国威胁论""中国责任论"这两位先生对话。

二、讲好"韬光养晦"

我们跟外国人谈中国外交，首先要"了解对象"，预判外国人的问题和态度。

现在我们已经知道，外国人跟我们谈中国外交,可能会说到的话题有：中国外交现在很傲慢，中国强大起来对周边的小国家是个威胁；中国是非洲资源的掠夺者；中国支持"流氓国家"、不讲原则；中国只知道赚钱，对世界缺少贡献。

那么，接下来，你怎么回答外国人？你有什么样的故事和观点？

在我的课堂里，学生对这个问题的回应常常是沉默。有人会说："外国人的看法太奇怪了。我就觉得中国外交部每天就只知道抗议来抗议去，也不知道在干些什么。可我总不能跟外国人说，我给我们的外交部寄了钙片，要让你们外国人尝尝中国人的厉害吧！"

所以，实际上多数关心中国外交的人，对中国外交的了解也并不多。中国外交是怎么做的，为什么要那么做，都不太清楚。不清楚就没法形成有说服力的观点更没法把观点融入切身经历的故事。我曾经写过一篇文章，就是以这样一个话题开头的。这篇文章梳理了中国外交 60 年的发展脉络。现在我把它放在下面，希望对读者了解中国外交的粗略历史和当前处境有所帮助：

中国外交的秘密

美国战略界流传着关于美国外交的一个笑话，说美国外交就好比爱尔兰的蛇——因为爱尔兰根本就没有蛇。

这种对本国外交的虚无主义在中国也存在。不少中国人认为，中国外交总在被动应对，多赖本能反应，处处捉襟见肘，常觉四面楚歌，所谓大外交、大战略，根本谈不上。更有激进者认为，百年来的中国外交软弱无能，拖了国家发展的后腿。

很少有人意识到，中国现代以来创造了多么不易的一段外交传奇。殖民主义时代，没有哪个国家像中国一样，受到过"八国联军"入侵。那些当时世界上最强盛的欧洲殖民列强，十年前还在非洲明争暗斗，十年后就将在世界大战中鱼死网破。中间他们竟然联合起来入侵了一个国家，就是中国。

冷战时期，世界上的大多数国家要么站在美国一边对抗苏联，要么站在苏联一边对抗美国，要么两不沾惹以求自保。数十年间，与两个超级大国都分别进行过直接战争的，只有中国。

冷战结束以后，中国外交看起来似乎仍然捉襟见肘、步履维艰。但在二十多年摇摇晃晃之间，中国已经成为世界第二大经济体，成为世界公认的具有关键影响力的大国，从全球政治舞台的边缘走到了聚光灯的中央。中国外交到底蕴藏着什么秘密？

夹缝中生存

中华人民共和国的外交，从断交开始。

1949年初，中国人民解放军正在各地风卷残云。经过一段时间的试探和思考之后，毛泽东在西柏坡用两句带有中国农村色彩的俗语，向惴惴不安的国际社会宣布了新中国的两条外交原则："另起炉灶"和"打扫干净屋子再请客"。换句话说，新政府不承认国民党政府原有的外交关系，所有外国外交人员先都清出去，然后再请进来。

不知道当时的西方列强如何手忙脚乱地破译这两句农村俗语的意思。相信他们在研究后发现，这不符合国际惯例，但绝对符合中国共产党的外交气质。当时的中国，急迫地期望建立统一的国家，开展独立自主的新外交。而列强在共产党和国民党之间"两面下注"的态度，以及利用外交机构暗中支持国民党的做法，促使毛泽东做出了"不破不立"的战略决策。

一件小事可以体现当时中国外交局面的复杂性。1948年，中国共产党曾经指示解放军对外国驻华机关采取保护措施。但辽沈战役结束后，东北野战军秘密筹备准备南下平津，因而在沈阳收缴电台，以保护军事情报。东北野战军向美国驻沈阳领事馆提出"代管电台、建交后归还"，遭到美国总领事的强硬抵制。国际舆论为此大肆炒作，声称将此作为中共政权"是否遵守国际惯例的试金石"。中共丝毫不惧压力，最终对美领馆采取了强制措施，以一种强硬的独立自主姿态，打响了对美外交第一枪。

其实，当时的新中国并没有想到，被"请走"的西方外交人员，居然要20多年后才会重新回来。新中国成立前后，冷战的铁幕正在全世界缓缓降下，面对美苏两大霸权，绝大多数新独立的国家都面临着性命攸关的选择。新中国在与美国尝试接触失败以后，选择了"一边倒"的政策加入苏联阵营，随着后来朝鲜战争、印度支那战争和台海局势的恶化，中国与西方关系全面断裂。

尽管说是向苏联"一边倒"，但中共新政权没有丢失独立自主的根本外交气质。这种外交哲学从一开始就预埋下了中苏分裂的种子。其实，斯大林对于中国共产党的"桀骜不驯"一直相当忌惮。早在1942年，斯大林就表示"中国共产党是一个民族主义倾向非常严重，国际主义感发扬不够的党"，是"一群一旦经济处境改善，就会忘记政治倾向的土地改革者"。[1]虽然如此，在疾风骤雨的冷战

---

① 曲星：《中国外交50年》，江苏人民出版社，2000年，第18页。

高潮期，中苏毕竟面对着西方集团的共同外部压力，基本上巩固了战略同盟，尤其是在朝鲜战争中遏制了美国势力的扩张。朝鲜一仗，换取了美国数十年在军事上对于中国的忌惮和尊重。

赫鲁晓夫上台以后，美苏开始谋求缓和，一时间出现两个超级大国合谋、联手主宰世界的局面。中国外交骨子里的"反霸"精神与苏联霸权主义冲突激化。当时，美苏各自在自己的势力范围内遍建军事基地。可是当苏联提出在中国建立海军基地时，毛泽东说："英国人和别的外国人已经在我们的国土上呆了很多年了，我们再也不想让任何人利用我们的国土来达到他们自己的目的"。①苏联人发现，中国人原来从来没有真正向苏联臣服过。中国人既然宣布自己站起来了，就不愿再拜倒在任何人的石榴裙下。中苏分裂以非常激烈的方式加速演变，直至爆发 1969 年的中苏珍宝岛战斗。

中苏军事冲突爆发以后，中国面临非常危险的外部处境。苏联在中苏边境陈兵百万，并可能对中国进行"先发制人"的核打击。这时候，联手美国对抗苏联军事霸权就提上了中国外交的日程。在毛泽东和周恩来巧妙的外交手腕下，中美之间迅速接近，并很快实现了美国总统尼克松"跨越大洋的握手"。1979 年，中美正式建立外交关系，当年被毛泽东请出去的客人终于回来了。

中美恢复正常外交关系，标志着中国外交确立了不与大国结盟、灵活自主、实用主义的当代外交风格。上世纪七八十年代，中国在美苏两强之间基本游刃自如，通过对第三世界的援助打下了良好"群众基础"，还利用与西方关系的全面缓和，为改革开放创造了一个有利的外部环境。中国外交迎来了第一个难得的"战略机遇期"。

---

① 曲星：《中国外交 50 年》，江苏人民出版社，2000 年，第 259 页。

薄冰上行走

1989 年，国际和国内一系列重大事件，导致了政治局势的剧烈变化，中国外交在上世纪 80 年代的好时光戛然而止。

从这时开始，中美关系逐渐成为中国外交压倒一切的核心问题。迫在眉睫的忧虑是，苏东剧变使得中美在 20 世纪 70 年代建立起来的"联合反苏"战略合作失去了基础。共同的对手没有了，美国在战略上无求于中国，而其国内反华势力在冷战胜利带来的新一轮意识形态狂热之中，围绕政治制度和人权问题对中国实施舆论攻击、政治围堵和经济制裁。

更长久而深刻的矛盾是：苏联作为美国最大的对手已经倒下了，美国下一个威胁在哪里？经济上蓬勃上升、意识形态上与美国不同，外交上独立自主的中国，成为美国部分鹰派势力的眼中钉，美国对中国进行遏制、挑衅的欲望不断加强。

当然，中国外交这个时候也开始有了一根"定海神针"，那就是抓住 20 世纪 80 年代难得的机遇期、通过改革开放建立起来的对外经贸关系和市场吸引力。在华投资的西方大公司和其他受惠于中美贸易的利益集团，成为美国国内政治势力中平衡、稳定中美关系这艘大船的"压舱石"。

这个时期，美国对华政策的复杂性集中体现在 20 世纪 90 年代初关于对华"最惠国待遇"的风波之中。"最惠国待遇"问题事关中美贸易关系。对于美国鹰派来说，打击中美贸易关系就直接打击了中美关系的根基；而对于美国工商界来说，对华经贸关系是利益的底线。1991 年和 1992 年，美国国会两次提出"有条件延长中国最惠国待遇"议案，两次被总统否决，国会又两次试图推翻总统决定。这么激烈的斗争，在美国整个政治历史中也是不常见的。

也就是在这个时期，邓小平提出了中国外交"善于守拙、绝不当头、韬光养晦、有所作为"的方针。在中国的耐心周旋下，随着1992年中国开始实行市场经济改革，中国经济新一轮发展，中国市场的重要性进一步上升，中美经贸关系在克林顿政府执政后期终于趋向稳定。以此为基础，中美在政治上也初步建立起了所谓"建设性战略伙伴关系"。

然而，到了90年代末，随着美国新保守主义势力逐渐占据军界和政界的主流，美国在军事上对中国的战略遏制甚至直接挑衅不断加强，中美关系剧烈波动，甚至一度走到擦枪走火的边缘。1996年，美国接受李登辉访美，引发人民解放军在台海举行大规模军演，美国派两艘航母出动"观察"，中美在东海地区出现几十年来罕有的军事对峙局面。1999年，美国在科索沃战争中轰炸了中国驻南斯拉夫大使馆。2001年，中美南海"撞机事件"发生，中国战机机毁人亡，美军侦察机受伤后侵入中国领土，迫降海南陵水机场，中美的军事摩擦升级到新的高度。

面对中美深刻的结构性矛盾，这一时期的中国外交严格恪守"韬光养晦"的要诀，在巨大的压力下，尽力保持中美关系大局稳定。在对美"守拙"的同时，中国在周边外交和全球战略中力求"有所作为"。这一时期，中国和俄罗斯、欧盟都建立了良好的战略互动关系，在亚洲则抓住1997年亚洲金融危机以后的局势，推动地区合作发展，提升了中国的形象和影响力。中国利用以互助共赢为基础的实用主义外交战略，逐步打开了外交全球开花的新局面。

聚光灯下成长

2001年底，中国苦心孤诣的"守拙"终于等来了中美关系的战略性转机。"9·11"恐怖袭击发生以后，美国将注意力转向中东，中美在反恐问题上重新出现了战略性合作的基础。来自美国方面压力的减轻，为中国外交迎来了第二个战略机遇期。

这一时期，另一个对中国外交具有根本性意义的事件，是中国加入世界贸易组织。"入世"本身主要是出于中国经济发展形势的需要，但也不乏对宏观外交战略的深远谋虑。冷战结束以后，中国的对外关系，尤其是对美关系的基础，是双方的经贸互惠和经济相互依赖。外国公司的在华投资、中国市场的发展潜力、外国消费者对中国产品的依赖，是中国外交的"定海神针"。美国虽然把战略注意力暂时转向中东，但中美关系的结构性矛盾依然存在。只有让中国经济进一步融入世界市场、让中美经济真正做到"你中有我、我中有你"，中国才能最终摆脱被动局面，把握更多杠杆，平衡中美关系。

绝大多数人可能都没有想到，"入世"以后的中国可以取得如此巨大的经济成功。十年间，中国经济总量翻了近四倍，一跃成为仅次于美国的第二大经济体。对外贸易更是爆发性增长。如今中国已是世界上第一大出口国、第二大进口国，并成为欧盟、俄罗斯、日本的最大贸易伙伴。

2006年以后，当美国政府开始考虑从中东的泥潭中抽身，重新把眼光望向亚洲的时候，发现中国已经是美国第二大贸易伙伴了。随着次贷危机的深入，美国对中国的需求更加增大，中美相互深度依存的格局已经定型。

更重要的是国际力量格局正在发生历史性转变。崛起的新兴国家和老牌的西方国家，需要对话、沟通和融合，这不只是联合应对金融危机的权宜之计，也不只局限在到哥本哈根讨论具体的气候变化问题。美国、欧洲、日本和中国、印度、巴西，要讨论的是如何重构未来世界秩序，如何让新的权力中心和平崛起和顺利融入，让世界继续保持和平和发展。那么，谁是这些"新来者"的代表？在美国看来，只有中国。这是美国战略家提出"G2"（两国集团）框架的宏观背景，也是美国总统奥巴马提出"中美关系是本世纪最重要双边关系"的弦外之音。

然而中国很快否认了"中美共治世界"的说法，这是出于对"善于守拙、绝不当头"政策的恪守，也折射了"反霸"传统在中国外交中的深刻精神传承。但也许美国人很难理解中国人的"守拙"。中国现在不要"共治"，难道是想追求有一天"独霸"？"韬光养晦"战略的背后是不是隐藏着深远的野心？

最让美国怀疑的是，中国在美国面前处处"韬光养晦"，可在亚洲地区却不断"有所作为"。10年间，亚洲经济一体化进程如火如荼，出现了"10+3"机制、东亚峰会、"中国——东盟自由贸易区"等大量地区合作机制。而美国在亚洲经济合作机制中似乎越来越成为局外人。因此，美国决心要"重返亚洲"，平衡中国的影响力。在美国的挑动下，平静了10多年的东亚政治在2010年以后频起波澜，引发地区国家的忧虑。

今天的中国已经走到了全球政治的聚光灯下，中国必须进一步向外界清晰阐释自己的外交哲学和外交目标，明确界定国家利益的范围，提出中国对世界发展的期望。

这篇文章总的意思是想说，中国外交走到今天是十分不易的，经历了很多坎坷曲折。到今天，中国的外部处境也仍然很复杂，用十六个字来概括就是"将起未起，似强还弱，各方瞩目，利害纷杂"。一方面，中国内部的改革和发展还有很长的路要走，另一方面，来自外部的试探、骚扰和挑战不断增加。西方国家一方面硬实力相对衰落但仍占优势，另一方面"软实力"继续称霸全球，掌握绝对话语权，中国的形象简直成了"任人打扮的小姑娘"，处于全面的舆论被动，动辄得咎。所以很多学者认为，2008年金融危机以来，中国在国际上的舆论处境不但没有变好，反而变得更差了。

中国坚持的外交战略，用邓小平的话来说，叫作"韬光养晦，有所作为"。在外交问题上，民众往往看到的是一些独立的事件，而国家政府看到的则是更复杂、更宏观、更长期的矛盾。据我的了解，中国外交圈的绝大部分人都认为继续坚持"韬光养晦"对中国外交至关重要。所以，基本上我们看到外交部被指责"软弱"的时候，其实他们是在坚持"韬光养晦"的方针。

韬光养晦是近年来中国外交最基本的方针之一，可是把它介绍给外国人，却会遇到翻译上的麻烦。"韬光养晦"本来是邓小平在内部会议上说的，是说给中国人自己听的。中国人都知道"韬光养晦"大概是什么意思，但外国人未必懂。

在中国人的文化背景下，"韬光养晦"是带着正面含义的，否则我们就不会拿来自称了；但外国人的文化背景下，同样的词，意味却可能不同。我们千万要注意这一点，把"韬光养晦"说到外国人那里，就会带上"卧薪尝胆""藏器于身、待时而动""君子报仇、十年不晚"的意思，那外国人更会莫名惊诧了！

其实对于"韬光养晦"的含义，美国国防部的中国军力报告里有一段解释，很清楚也很完整。原文是：

"This guidance reflected Deng's belief that China's foreign policy and security strategy had to reinforce its core national interest of promoting domestic development by avoiding foreign risk, high-profile international engagement and provocations, or pretenses of national leadership."（这个方针反映了邓小平的信念，即中国的外交和安全政策必须巩固其促进国内发展的核心国家利益，因而须避开国际风险、避免高调介入国际事务或挑起事端，不要展示领袖地位。）[1]

---

[1] Office of the Secretary of Defense："Military Power of the People's Republic of China 2009"，Washington DC: Pentagon，2009: 1.

这里面有许多标准的英语可以用。我们可以把韬光养晦简短地翻译成"keep low-profile（保持低调）"，或者"avoiding provocations（避免挑衅）"。至少就不会在外国人那里引起大的歧义了。

　　这样翻译可以做到避免歧义，但在文化上仍然会引发猜想。前面讲过中外政治文化背景不同。中国人一说"保持低调"会想到一种谦虚谨慎的品质，外国人说"低调"想到的却是一种策略。外国人崇尚直接。刻意收敛自己、保持低调，在他们看来可能蕴藏着什么更长远的想法。这就是为什么美国的《中国军力报告》把"韬光养晦"解释得那么好，最后还是要渲染"中国威胁论"的原因。

　　所以，我们可以告诉外国人，中国外交的"韬光养晦"就是要保持低调、谦虚谨慎。但这还不够。他们会问另外一个问题：你们为什么要谦虚谨慎呢？

　　为什么要谦虚谨慎？这对中国人来说简直不是问题，可对外国人来说却很成问题。要和外国人沟通中国外交，我们就必须用外国人能够理解的方式回答这个问题。这就需要谈到中国人看待强大与弱小的世界观。

三、讲好和平发展

　　很多人把国家间的关系比喻为动物世界。动物世界里流行的是冷酷的丛林规则。

　　可是，如果你真的身在丛林中，要做的第一件事不是急着去厮杀、猎取食物，而是先找个水塘，照照看自己是个什么动物，然后才好决定自己怎么作为。

　　有趣的是，陆地上最厉害、没有天敌的动物，比如大象、犀牛、河马，都是吃草的。越强大的动物，有时候越温顺。反过来用我们中国人的话说，叫"会叫的狗不咬人"。自然界有它一套奇妙的平衡法则。

中国人的世界观是仿效天地自然来构建的。中国在历史上大多数时候都是大国，一直讲究谦虚、谨慎，越强大的时候越包容、低调。近代以来，中国外交的主线是反对"霸权主义"，反复宣称"绝不称霸"。这不只是因为中国受到霸权主义的威胁，还因为中国人传统中对谦谦君子、大国风度的向往。

所以不管你喜不喜欢中国现在的外交风格，跟外国人介绍中国的外交，都可以从大国应该谦虚、自律的文化讲起。外国人认为中国外交应该谦虚一点，这其实是我们的共识。从这个共性切入，再讲讲中国外交韬光养晦的方针。

中国人外交韬光养晦的原因，首先是因为中国的哲学和文化。越强大越低调，符合中国人的政治审美情趣。

这些沟通实际上都能引起外国人的认同和共鸣。强者应该谦虚和节制，这是人类的共同文化之一。就连圣经中也讲耶稣的"柔和谦卑"。但仅从文化的角度，并不能完全说服外国人。文化会影响外交的方针，但外交的目标是利益。但是外国人不可能完全站到中国文化的角度来做判断。"韬光养晦"反映了中国人谦虚低调的性格，却并没有告诉外国人中国外交的目标是什么。谦虚谨慎的人也有他的目标，也有他想要追求的东西。别忘了，作为中国的外交方针，"韬光养晦"后面还有一句"有所作为"。中国想要有什么作为呢？

因此，除了韬光养晦，介绍中国外交还有第二个关键词，那就是"和平与发展"。这个词比韬光养晦更难讲，因为容易讲得空泛。要把和平发展讲好，恐怕不能泛泛而谈，而要在回应外国人的一些尖锐问题的过程中去谈。这方面常见的问题包括：中国的军费增长、周边外交、在非洲的作为等等。这些问题都可以用我们讲到的方法去谈，但怎样讲好故事，只能靠每位读者的妙思。

由于这些问题比较专业，我这里可以为大家提供一些背景和观点，供读者参考：

问题一：中国军费近年来不断以惊人的速度剧增，中国军队有什么样的野心？

不错，近年来中国军费平均以两位数增长，但是别忘了，中国经济总量也在以两位数增长。中国军费的增长，是跟中国国力的提升相对应的。中国作为经济总量世界第二的大国，自然应该有相对应的军事建设投入和相匹配的先进军事技术水平、装备水平和训练水平。这是每一个独立自主的大国都应有的特征。

实际上，中国的对外政策始终是以促进经济发展为中心的，在此基础上匹配合理的军事发展。改革开放早期，中国为了集中资源投入经济发展，甚至牺牲了军事发展的速度。从 1988 年至 2000 年，中国军费占 GDP 的比例不到 1.6%，[①] 大大低于世界平均水平。国防和军队建设的一些方面因为投入不够而留下了欠账。军队曾经被迫下海经商，从事生产经营活动以弥补亏空。但是，军队经商产生了一系列的消极后果和负面影响。于是，中国中央政府在 1998 年作出"军队要吃皇粮"的决定，明令禁止军队经商。相应地，随后政府增加了国防经费的投入，军费开支有所增长。但总体来看，并没有超出国家的整体经济承受能力。2015 年，美国、英国、法国、印度的军费开支占国内生产总值的比重分别为 3.3%、2.0%、2.1%、2.3%，中国则为 1.9%，在世界大国中比例算比较低的。

日本共同社称，与 2005 年相比，2014 年中国军费增加了 167%，这种趋势刺激了亚洲的军备竞赛。《环球时报》记者注意到，该报告在注释中标明，其中涉及的中国军费开支数额是由斯德哥尔摩国际和平研究所自行评估，而非中国官方公布的数字。按照中国财政部向全国人大提交的预

---

①《中国历年军费一览》，网易新闻，2014 年 3 月 13 日，网址：http://news.163.com/special/junfei/

算报告，2014 年中国国防预算为 8082 亿人民币，约合 1320 亿美元。即便按照该报告的数据，中国 2014 年军费占 GDP 的比重为 2.1%，不仅远低于美国 3.5% 的水平，也在法国 (2.2%)、英国 (2.2%) 和印度 (2.4%) 之下。[1]

中国发展军事力量，首要的目标是防止国家分裂。中国现在还面临着维护统一的问题，台湾问题使中国处在准分裂状态。由于美国违背和中国发表的联合公报，同台湾签订了防务保证的条款，中国军队必须考虑美国武力干涉台湾问题的可能。中国并不是要准备发动台海战争，而是为被迫卷入台海战争的可能性做准备。在台湾问题上，就像德国军事学家克劳塞维茨所说："只有准备战争，才能得到和平。"

中国军事能力的增长还需要满足国内外日益增加的安全需求。截至 2014 年底，中国 1.85 万家境内投资者设立对外直接投资企业近 3 万家，分布在全球 186 个国家（地区）。中国对外直接投资地域分布高度集中，2014 年底对外直接投资存量前 20 位的国家地区存量占总量的近 90%，对"一带一路"沿线国家的直接投资流量为 136.6 亿美元，占中国对外直接投资流量的 11.1%。[2] 作为已经建立起全球经济利益的国家，中国需要对海外的资产和人员提供有效的保护。中国近几年大力发展航空母舰，主要也是为了这个目的。

另外，中国军队还有在国内抗险救灾的职能。中国是个自然灾害多发的国家，中国军队几乎每年都要大规模参加救灾工作。2009 年的汶川地震，就让全世界看到了中国军队的风采和作用，同时也暴露出军队在特别重大灾情面前装备老化、训练不足等缺陷。中国军队能力的提升，很大程度上也是为了满足其国内职能的需要。

①《军费开支占国家 GDP 的比重》，斯德哥尔摩国际和平研究所数据库，网址：https://www.sipri.org/databases/milex

②《2014 年度中国对外直接投资统计公报》，中华人民共和国商务部对外投资和经济合作司，2015 年 9 月 17 日，网址：http://hzs.mofcom.gov.cn/article/date/201510/20151001130306.shtml

无论是在台海问题、海外利益保护还是在国内抗险救灾的相关职能上，中国军事的发展仍然保持着防御性的特征。中国军队没有攻击、扩张或者称霸的意图。相反，中国军队积极投入维护世界和平的工作中。在联合国安理会常任理事国中，中国是累计派出维和部队人数最多的国家。自从 2000 年 1 月起，中国累计向 9 个任务区派出 2000 多人次维和警察。至 2015 年底，中国军队的维和兵力规模，已增加至 3100 人左右；另外还有 178 名中国维和警察在联合国总部、利比里亚、南苏丹和塞浦路斯任务区执行维和任务。① 在亚丁湾护航过程中，中国军队也发挥了出色的作用。

中国将始终不渝地坚持防御性的国防政策，永远不搞军事扩张和军备竞赛，不会对任何国家构成军事威胁。

——前中国国家主席胡锦涛

问题二：中国想要把美国赶走，在亚洲建立自己的势力范围吗？

1823 年，美国总统门罗提出"美洲是美洲人的美洲"，警告欧洲列强不要干预美洲事务，并想要在美洲建立美国的势力范围。可是，在之后的近一百年时间内，当时世界上最强大的殖民国家英国也从来没有真正被美国赶出过美洲。美国在 19 世纪末后半期崛起的过程中，也没有试图挑战英国的霸权。实际上，最后是因为英国殖民霸权自身的衰落，他们自己退出了美洲。

今天，许多外国人预言中国会推行"亚洲的门罗主义"，这本来就是一种幻觉。"势力范围"这样的概念早已经随着殖民时代的终结而过时了。在全球化的今天，世界已经不再是划分成条条块块的各国殖民地，

---

① 《揭秘中国在海外维和是种怎样的体验》，人民网，2016 年 1 月 8 日，网址：
http://world.people.com.cn/n1/2016/0108/c1002-28030183.html

而是统一的开放市场。中国可以在非洲、中东、美洲、欧洲和世界上任何地方购买原料、从事投资、开拓市场，而不需要建立所谓"势力范围"。除了亚洲，中国也正在积极和全世界各地区和国家开展经济和政治合作。

当然，亚洲地区对中国外交有着特殊的重要性。这首先是因为地理相近和经济互惠，中国和很多周边国家互为最重要的贸易伙伴，周边地区也是中国参与多边经济和政治合作机制最多的地区；其次是因为中国周边有许多领土争端尚未解决，还掺杂着复杂的民族和宗教矛盾，周边局势时刻关系到中国的稳定与安全；最后一点，亚洲国家和中国还在文化上更加接近，双方的社会交往和文化交流有更深厚的根基和更广阔的发展空间。

但这不代表中国想要"统治亚洲"。过去 20 年，中国对亚洲政策最核心的目标是促进经济互惠和政治合作。2010 年建成的"中国——东盟自由贸易区"，是亚洲目前最大、最成功的自由贸易平台。中国还在东盟的建议和推动下，加入了东亚峰会、"东盟 10+3"会谈等多边组织。可以说，在中国的参与下，过去十多年亚洲的地区一体化取得了长足的进展，区域合作成为亚洲国际政治的主题。

可是在 2009 年美国宣布"回归亚洲"的政策之后，亚洲的政治风向发生了转变。从 2010 年 3 月韩国"天安号"事件开始，在美国的支持下，一系列军事恐吓不断升级。近几年美国突然提出南海问题关乎美国国家利益，联手菲律宾等国掀起了南海岛屿争端。平静搁置了多年的地区领土纠纷被再度点燃。美国还在澳大利亚和新加坡补充军力，宣布要把 60% 的海军兵力部署到亚洲周边。军事紧张逐渐压倒了经济合作，冲击亚洲区域政治的前进方向。

2011 年，时任美国国务卿希拉里宣布要把 21 世纪建设成为美国的"太平洋世纪"，这听起来像对亚洲的势力范围宣示。而中国从来没有过类似的宣示。中国的宣言是希望和美国建立"新型大国关系"，以保证 21

世纪成为"人类历史上第一个共享和平安宁、共同发展繁荣的世纪"。

　　各国人民都期待２１世纪成为人类历史上第一个共享和平安宁、共同发展繁荣的世纪。人们认为，中美合作将给两国和世界带来巨大机遇，中美对抗将给两国和世界带来巨大损害。无论国际风云如何变幻，无论中美两国国内情况如何发展，双方都应该坚定推进合作伙伴关系建设，努力发展让两国人民放心、让各国人民安心的新型大国关系。

　　——前国家主席胡锦涛2012年在第四轮中美战略与经济对话开幕式上的致辞[1]

与美国在亚洲的野心勃勃不同，中国在很长的一段时间内都将继续面对复杂的国内问题。中国政府的绝大部分精力都放在国内的改革和发展上面，而不是到国际上去争夺霸权。中国大多数民众完全没有"亚洲是中国的"这样的概念，绝大多数中国人认为中国在国际上应该扮演一支和平的力量。

问题三：中国不是在非洲用殖民主义的手段掠夺资源吗？况且中国还在全世界支持独裁政权。

中国与非洲有独特的情感纽带，也面临共同的发展任务。近年来中非贸易额快速翻番。数据显示，2000 年中非贸易额仅为 100 亿美元，2014 年上升到 2200 亿美元，中国希望通过双方努力，2020 年中非贸易额争取达到 4000 亿美元。[2] 通过对非洲的投资，中国不仅获得了自身发

---

① 胡锦涛："推进互利共赢合作 发展新型大国关系"，《人民日报》，2012 年 5 月 4 日，第 2 版。

②《中非贸易额 2015 年有望接近 3000 亿美元》，新华网，2015 年 11 月 09 日，网址：http://news.xinhuanet.com/fortune/2015-11/09/c_1117088751.htm

展所急需的资源，也增加了当地的就业岗位，促进了经济的发展。

中非经贸合作是在平等互利的前提下进行的。中国从非洲进口资源和原料，改善了当地的经济状况和相对单一的贸易渠道，增加了非洲对外出口的自主性。中国政府也要求中国企业对非洲的投资坚持经济效益和社会效益的统一，注重当地基础设施建设和生态环境保护，保障当地经济发展的可持续性。从减免债务到援建工程，从技术支援到人才培训，中国对非洲进行了力所能及的帮助，以提高非洲国家的自主发展能力。2015 年 12 月，中国国家主席习近平出席在南非举行的中非合作论坛约翰内斯堡峰会，代表中国政府倡议实施中非工业化、农业现代化、基础设施、金融、贸易和投资便利化、减贫惠民、公共卫生、人文、和平与安全等"十大合作计划"，并宣布为此提供总额 600 亿美元的配套资金支持。其中包括提供 50 亿美元的无偿援助和无息贷款，提供 350 亿美元的优惠性质贷款及进口信贷额度，设立首批资金 100 亿美金的"中非产能合作基金"。

为促进中非贸易的互利性，扩大从非洲国家的进口，2014 年，中国与非洲贸易总额突破 2200 亿美元，同比增长 5.5%。其中，中国自非洲进口额 1157.4 亿美元。截至 2009 年底，中国在非洲援建了 54 所医院，设立 30 个疟疾防治中心，向 35 个非洲国家提供价值约 2 亿元人民币的抗疟药品。自 1963 年起，中国持续向非洲派遣医疗队，共向 46 个非洲国家派出过 1.8 万人次援外医疗队员，累计治疗患者 2 亿多人次，并为非洲培训数万名医疗技术人员。从 2000 年至 2009 年，中国已免除 35 个非洲国家的 312 笔债务，总计 189.6 亿元人民币。截至 2011 年底，中国共在非洲 51 个国家援助建设了约 270 个基础设施项目。

中国在非洲的这些做法不但不是"新殖民主义"，反而为非洲的经济发展带来了实实在在的利益。正如德国《经济周刊》曾载文指出的，中国"令非洲经济在 2005 年增长了 5% 以上，而且也将通货膨胀压缩到 25 年来的最低水平。在非洲历史上，以经济投资形式流入的资金首次超过了以发展援助形式流入的资金。""当然，中国人在安哥拉内陆修筑公路和铁路与以前欧洲殖民者修筑的道路一样通向这个国家的矿藏，但它们也从农民、商贩和手艺人的身边经过，使他们终于可以去邻近省份城市的市场出售产品，提供服务。监督非洲国家是否利用这一融入全球化的历史机遇并非中国的任务。非洲有史以来首次掌握了自己的命运——而为其创造这一绝佳契机的正是中国人。"①

当然，在另一方面，中国也应该继续重视规范中国企业在非洲的行为。目前部分中国企业在非洲形象不佳，一方面是因为中国跨国企业"走出去"的时间短，企业文化还不够发达，缺乏相应的社会责任意识，不够了解和尊重当地的风俗文化，容易引起矛盾；另一方面，也有部分企业追求短期利益、从事非法行为，如商业行贿、恶性竞争、欺诈经营等等。但这不是宏观的中国国家战略问题，而是微观的中国企业发展阶段问题和政府监管水平问题。个别中国企业非法经营、不当逐利的行为，在国内国外都有，跟国家战略式的对非"新殖民主义"扯不上关系。

西方批评中国支持独裁政权之说更是荒诞可笑。拿美国来说，既是沙特这样实行君主制的国家的盟友，又是委内瑞拉、伊朗这种实行民主普选制的国家的死敌。西方划定独裁与民主的标准经常都是和自身的国家利益联系在一起的。相反，改革开放以后，中国就不再以政治制度和意识形态来划分亲疏敌我。中国坚持奉行独立自主的外交政策，和各种政治制度的国家平等发展关系。中国始终认为，面对复杂的国际矛盾，动辄对其他国家予以制裁、封锁和排斥，并不是解决问题的良方，毕竟受伤害最大的还是普通民众。中国这种主张平等合作、通过外交对话解决分歧的做法，得到了世界上大多数国家的赞同和支持。

上面这些资料对读者来说已很充分，但千万不要大段复述给外国人

---

① 上述数据参见金灿荣等著：《大国的责任》，中国人民大学出版社，2011年，第86-90页。

听。找到你最有感触、想法或者切身经历的一点点，就把这一点点讲给外国人。至少在这个中国人的话语和情感中，看不到丝毫的傲慢，满是拥抱世界的热情就够了。

第七章

中国文化怎么讲

一、外国人眼中的中国人

外国人会给中国贴很多负面的标签，比如政治上爱"威权"不爱"民主"，经济上搞的是"国家资本主义"，对外很"傲慢"，军事"不透明"，还有"不负责任""入侵西藏""无视人权"等等。这些标签林林总总，有时候会让人产生一种错觉，就是外国人说的好像都是政府和国家层面的事。看起来外国人对中国老百姓好像没什么意见，甚至有时候还挺有"普世情怀"的，总替中国老百姓担心。

然而，西方对中国最深刻的误解，其实正是对中国人的误解。其他的很多误解，都是建立在对中国人和中国文化的曲解和排斥基础之上的。我们说"中国的形象"，其背后最根本的症结是"中国人的形象"。

2012年奥运会在英国伦敦进行的时候出了不少风波。其中最牵动中国人情感的一场风波，是中国16岁的游泳女运动员叶诗文在获得女子混合泳400米和200米两块金牌之后，被西方媒体轮番质疑服用了禁药。甚至在国际奥委会官员公开证明叶诗文的药检结果清白之后，英国媒体记者仍然在新闻发布会上，用压迫性的语气当面质问叶诗文。还有记者问中国运动员："你们是只会训练、比赛和拿牌的机器人吗？"许多中国人在那一刻都觉得受到了侮辱。

这场风波在中国国内激起了很多讨论。叶诗文后来自己说：别的国家在羡慕嫉妒我。在伦敦奥运剩下的赛程中，羡慕、嫉妒、偏见、公正，这些字眼一直缠绕在中国媒体和网络的讨论之中。讨论的主题包括中国崛起与西方心态、体育大国与体育强国、"举国体制"与奥运精神等等，大多数还是停留在国家、政府、体制这些"大问题"上。

让我们从另外一个小问题出发去对这个事件做个别样的思考。这个问题很少有人仔细想过：为什么西方媒体质疑的是叶诗文，而不是那届奥运会另一位年轻的游泳冠军孙杨呢？

如果西方要因嫉妒而攻击中国的话，孙杨也是很好的靶子。甚至孙杨更代表了中国游泳难以置信的突破。在孙杨之前，中国男子运动员只获得过一枚奥运游泳奖牌，而孙杨一下子获得了两金一银一铜。叶诗文靠不可思议的最后冲刺打破了世界纪录，孙杨却用全程冲刺足足把世界纪录提高了3秒多！

我当然不是想说孙杨比叶诗文更优秀。中国人通常对孙杨和叶诗文同样喜爱。可是西方媒体要攻击中国，抓住了叶诗文，却放开了孙杨，这很有趣，背后可能有深刻的原因。叶诗文和孙杨有什么不同呢？

一种不同是叶诗文比孙杨还要年轻。可是女运动员的身体发育本身就比男运动员早。更何况世界上从来都不乏十五六岁出成绩的天才游泳选手。像叶诗文这样的少年天才不是第一个，也不是最后一个。

第二种可能是叶诗文战胜的是美国运动员，而孙杨在自己项目上的主要对手是韩国选手。可是女子400米混合泳对西方来说并不是什么标志性的项目。而韩国媒体并没有比美国媒体更加激动。

还有第三种可能是因为叶诗文是女性，更容易欺负一些。但在西方，对女性更客气是一种政治正确。

实际上，更大的可能性是，对于西方来说，叶诗文和孙杨都是代表中国体育进步的标志，可是叶诗文比孙杨更"中国"。西方媒体更"看不顺眼"叶诗文，其背后有他们对中国人形象的一种深远偏见。

这从西方媒体质疑叶诗文成绩的一条理由中露出了端倪：西方媒体说叶诗文夺冠以后太平静了。西方人理所当然地认为，取得巨大突破、夺得奥运冠军的人，都应该挥拳高呼、开怀大笑、兴奋异常。他们无法理解叶诗文作为一个中国女性特有的含蓄、低调和文静。在西方人看来，这要么意味着这个人因为作弊而心虚，要么意味着中国人是一个奇怪的、压抑的、让人难以理解的民族，是"机器人"。

如果是这样，那么叶诗文事件不只是代表西方对中国体育进步的羡慕嫉妒这么简单，也不仅仅是对中国运动员和对西方运动员的双重道德标准问题。实际上，西方人接受了像姚明、刘翔和李娜这样的中国明星，却对奥运会上一大群像叶诗文这样的中国体育运动员嗤之以鼻。所以，"机器人"这样的称号不是送给叶诗文一个人的，也不只是送给中国体育体制的，而是送给整个中国人和中国文化的。如果只是部分西方媒体一时小心眼，我们可以一笑而过，可如果是对中国文化的排斥和曲解，我们却不得不引起更多的重视和思考。

> 观察人士以一种混杂着嫉妒和无知的丑陋心态看待中国人，怀疑他们获得这么多枚奖牌的能力，并对他们心无旁骛地投入训练和追求卓越感到厌恶。这是我们把中国人视为异类的真正原因——因为他们仍忠实捍卫着我们这些愈发走向失败主义的英国人在很早之前就已背弃的价值观，即全心投入和决意取胜。
>
> ——英国《每日电讯报》在伦敦奥运会时的反思[1]

---

[1] Brendan O' Neill, "Why do we Brits look upon Chinese athletes as cheats, freaks and robots?", *The Telegragh*, August 2, 2012, http://blogs.telegragh.co.uk/news/brendanoneill2/100174150/why-do-we-brits-look-upon-chinese-athletes-as-cheats-freaks-and-robots/.

　　西方对中国人的偏见并不只表现在运动员身上。近年来，随着中国经济的快速发展，中国人越来越多地走向世界，西方和中国在文化上的摩擦也越发频繁地出现。前些年在欧洲不少国家都出现过"反中国商品"的浪潮。在俄罗斯、意大利和西班牙，甚至出现了焚烧中国市场、大规模示威等严重事件。究其原因，不是中国商品不好，而是"太过好了"，物美价廉，冲击了当地商人的饭碗。

　　这好像又可以归于对中国的"羡慕嫉妒恨"。可是，在这些欧洲发达国家，如果仅仅是因为羡慕嫉妒，出现零星的暴力过火行为是可能的，但出现大规模对中国商人的敌对行动，总还是要一些有煽动力、拿得上台面的说辞的。欧洲商人并不会说"我们要赶走中国人，因为我们嫉妒他们"，他们的说法是"这些中国商人采取了不正当竞争"：中国人每天工作10个小时，领着极少的工资，产品能卖多便宜就卖多便宜，这是"不正当的"。

　　尽最大努力辛勤工作，这在中国人看来是美德，甚至是本分；可是在一些国家的人看来，这代表了中国文化压抑人性的、野蛮的、难以理解的一面。很多欧洲人都享受着低工作强度的、节奏缓慢的、高消费的生活，并把这看作优雅的文明。当然，西方社会不是没有"工作狂"，可那是个人的选择。当他们看到一个民族都是这样，拼命学习、拼命工作、拼命竞争，看起来又那么沉默、陌生、不直接表达情感，他们感到文明和生活方式受到了威胁。

　　所以，当西方各国都在抗议中国企业的"不正当竞争"的时候，不要只看到他们的羡慕嫉妒恨。这些羡慕嫉妒恨的背后，是对中国人和中国文化的不理解。当连《科学》这样西方最严谨的学术杂志都失态地无端猜疑叶诗文的时候，呈现出的就不再只是部分西方媒体惯有的哗众取宠，而是整体性的中西文化鸿沟。当孙杨替叶诗文发问为什么西方选手取得好成绩就不被质疑的时候，答案不只是西方国家的小心眼，而是中国人起来了，却来自另外一种文明。

下面这张图是西方机构前几年做的一项调查结果。它反映了世界各国对中国人和中国人对自己看法的差异。纳入统计的有日本、秘鲁、哥伦比亚、波兰、英国、意大利、瑞典、西班牙、墨西哥、匈牙利、巴西、法国、智利、阿根廷、荷兰、美国、澳大利亚、德国等 18 个国家，从地域分布和文化具有非常广泛的代表性。这些国家的受调查者和中国的受调查者一起，分别就中国人是"可靠可信的""令人愉快的""有领导力的""充满活力的""颇具魅力的""坚定不移的""不断发展的""有创新力的"八个印象打分。图中外面那一圈代表中国人的自我评分，里面一圈代表世界各国的平均给分。

图表：中国的自我认识与全球的普遍认识的差异 [①]

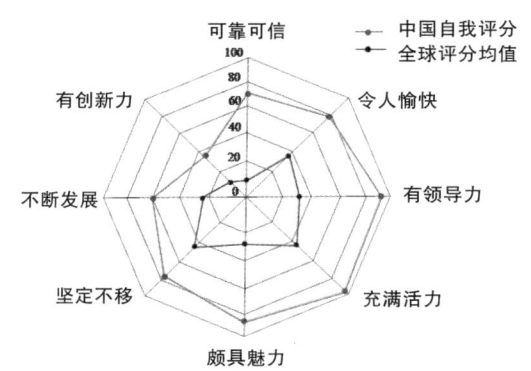

如果光看外面一圈，中国人对自己的评价还是比较谦虚的。在这八个印象中，大多数中国人给自己的分都在 80 以下。我们甚至给自己的创造能力只打了不到 40 分。

---

① 乔舒亚·库珀·雷默等著：《中国形象：外国学者眼中的中国》，北京，社会科学文献出版社，2008 年 6 月第 2 版，第 21 页。

可是如果和外国人的打分相比，中国人的自我感觉简直太过良好了！外国人没有在任何一项指标上给中国人的评价超过 50 分。创造力只给了 10 分左右。最低分出在"可靠可信"。

还有一些调查也呈现出了外国人对中国人的负面形象，包括懒惰、贪婪、落后、残忍等。①

很多调查和研究显示出的中国人的形象都不会让我们开心。甚至有的研究表示中国人在国际上的形象近年来还在下降。②

这些负面的形象不但是普遍的，而且是长久的。如前文所述，外国人对中国人的很多负面印象在 1750 年之后就形成了。西方的伟大先哲孟德斯鸠就说过"中国人是世界上最会骗人的民族"。再看看前面那张图里"可靠可信"一项低得可怜的得分，就知道这种印象是有来头的。

> 中国人生活的不稳定使他们具有一种不可想像的活动力和异乎寻常的贪得欲，所以没有一个经营贸易的国家敢于信任他们。
>
> ——孟德斯鸠《论法的精神》③

> 因为复仇而做的杀戮，以及婴儿的遗弃，乃是普通的甚至每天的常事，这就表示中国人把个人自己和人类一般都看得是怎样轻微。
>
> ——黑格尔《历史哲学》④

在我看来，在所有各方面中，中国的文化形象问题是最根本的，也

---

① 参见段鹏：《国家形象建构中的传播策略》，北京，中国传媒大学出版社，2007年版，第 39 页。

② "BBC poll : Germany most popular country in the world", 23 May, 2013.

⑧ttp://www.bbc.co.uk/news/world-europe-22624104.

③ 孟德斯鸠：《论法的精神》（张雁深译），北京，商务印书馆，1987 年版，第 308 页。

④ 黑格尔：《历史哲学》（王造时译），北京，三联书店，1956 年版，第 181 页。

是最难解决的。

之所以根本，是因为西方在政治、经济、外交等各个方面误解中国，归根到底的症结就是在文化上把中国当作"异类"。美国作家扎卡利亚说的"他者的崛起"，实际上对许多西方人来说就是"异类的崛起"。美国学者亨廷顿所说的"文明的冲突"，也是异类文明崛起带来的冲突。而外国人把中国人当成异类背后的本质，实际上就是深刻的文化和心理鸿沟。

之所以说最难解决，是因为我们可以跟外国人介绍中国的政治制度、经济模式、外交政策，可以通过讲述事实来澄清误解，也可以通过不断改善自己、"练好内功"，来提升各方面形象。可是文化问题是无形的，而且是没有标准的，不好解释，更不能简单地说怎么"改善"。我们一开篇就谈到"镜像理论"，知道外国人怎么看中国，很大程度上反映的是他们怎么看自己。怎么能让外国人更欣赏中国的文化呢？难道外国人不理解叶诗文含蓄的性格，她就应该表现得更开朗吗？含蓄和直率，有什么优劣之分？实际上，外国人不喜欢中国式的含蓄的原因，只不过是他们因为太喜欢自己的"直率"了。

反过来说，我还遇到过很多西方人，他们到中国来，特别想找一个中国女孩结婚。他们给我的理由几乎惊人的一致：喜欢中国女孩的含蓄，相比之下，西方女孩"过于开朗"了。这证明即便在西方人中间，含蓄和开朗也是不同的人各有所爱的。在欧洲民族中，德国人是相对比较含蓄稳重的，可是德国人并不会因此被视作"异类"。

这一切现象归根结底，是西方文明还没有做好接纳一个包括中国在内的多元文化世界的心理准备。今天西方人嘴里都在说"多元主义"，可是这种多元主义是重"异"不重"同"、尚"分"不尚"合"的。美国是最讲究多元文化、民族共处的，可是美国的种族隔阂问题却长期深刻存在。在欧洲，移民冲突也日趋走向极端。这都跟西方在处理文明问题上的历史传统有关。欧洲建立的百国林立的"民族国家体系"，完全基于西方"尚分不尚合"的传统，跟中国人追求统一和融合的文明观念截然不同。

因此，我们必须清楚地看到，西方文化中有一种非常强烈的"你我"之见，一种"非我族类"的价值传统。从历史纪录来看，西方文明既不擅长于与其他文明融合，也不擅长于和其他文明和平相处。中国在历史上可能从来没有因为文明差异而分裂过，而西方历史却亲历过十七世纪初的"三十年战争"，甚至让中西欧许多地区的人口减少了四分之三。[①]在前后几百年的时间内，十字军东征、宗教裁判所和宗教战争是欧洲政治残酷的主题。直到今天，西方也还在想如何把别人改造得跟自己一样，而不是接受一个平等的、多元文明的世界。

所以说，中国的文化形象问题太重要了。解决不好文化沟通的问题，中国的崛起就很难让西方接受。而文化沟通又太难了。我们不可能变成西方人那样。但是我们至少要让西方人知道：我们没有那么不一样。

二、中外文化的共性

关于不同文化的沟通交流，费孝通先生有句至理名言："各美其美，美人之美，美美与共，天下大同。"

可这是最理想的状态，现实没有这么完美。外国人看中国人，最大的问题往往出在"重异轻同"，这是他们的文化习惯。他们是嗜好"多元"、"差异"的。

那么我们和外国人进行交流，就有一条基本的准则："求同存异"，

---

① 参见房龙：《人类的故事》，陕西师范大学出版社，2007 年版，第 212 页。

这是中国的文化传统。

中国式的求同存异表现在跨文化沟通中，就是要特别强调"同"的一面，有意淡化"异"的一面。在和外国人交往的时候，多谈相同的文化和相近的价值，把差异的文化和错位的价值放在袖子里，最好别让西方人看见了——他们对这个特别敏感。很多西方人在我们这里看到了"异"，常常"同"的一面就被忽视了。

当然，这是对外交往的原则，而不是对待文化的政策。从国内来说，我们自己独特的文化价值和文化元素，毋庸置疑要好好珍视，自我革新、发扬光大。另外，与西方对文化差异问题有理解、有准备的学者、知识分子交流，也可以放开探讨差异，争鸣学术。

因此，我妄自把费孝通先生的名言略加了几个字，作为一般意义上对外文化交流的口诀："国内各美其美，对外美人之美，争取美美与共，共寻天下大同。"

按照这个大原则的要求，我们很多对外文化交往并不合格，甚至是反其道而行之。因此，要实现这个大原则，还需要提出一些具体的方法：

一是要多谈现代文化。我们进行对外文化交流，往往"走出去"的传统文化比较多，现代文化比较少。但是，根据"求同存异"的原则，现代文化可能比传统文化能够更简单、广泛地和外国人实现"美美与共"。

为什么呢？这可以通过分析中西方文化的构成来发现答案。

不管是中国还是西方，今天的文化都是在悠久的历史中不断传承和演化形成的。按照英国哲学家罗素的分析，西方文化主要有下面几大来源：一是希腊罗马文化，今天西方的哲学、科学、艺术，包括民主、共和、法治的传统，都是从这里出来的，用罗素的话说，就是西方社会中"优雅的那一部分"。

第二个是犹太宗教与伦理学。这里指的主要是基督教，以及基督教带来的西方普遍的道德基础，包括原罪观念、道德热情、宗教偏执等等。

罗素还认为西方的民族主义也有一部分来源于此。

第三个是近代工业主义。罗素主要指的是科学精神和自我控制命运的"权力感"，也类似于马克思·韦伯说的"资本主义精神"。但实际上这一点引申开来，还应该包括工业化、城市化所带来的全部现代生活方式和思维方式。[①]

很多学者还提到西方文化的第四个来源，就是日耳曼蛮族传统和中世纪骑士精神。今天西方的一些绅士礼仪、尚武品格和个人英雄主义，包括自由主义价值观的一部分，都和这个文化传统有关。

上面四个西方的主要文化基因，哪一个和我们中国最有"同感"呢？恐怕只有现代工业社会的生活方式。

如果用同样的方法来解析中国的文化传承，我们也可以大致找出几个主要的中国文化基因：以儒家为主、儒释道结合的传统文化基因，近代革命主义和马克思主义的政治观和哲学观，最后是工业化和城市化的生活方式以及大众通俗文化。西方最能跟我们找到共鸣的，恐怕也是最后一点。

所以，我们和西方交流，要多谈现代文化；向西方传播的文学、电影作品，要多反映中国的现代生活；我们和外国人聊天，也可以多聊聊共同喜欢的运动、乐队、服装品牌或者艺术家。我们中国大多数城市居民的日常生活，实际上跟西方人有很多相似相通之处。跟外国人从你喜欢看的电视节目或者平时上的社交网站聊起，你们会不经意间发现很多共同点，迅速拉近彼此之间的距离。

相比于传统文化，现代文化大多数是比较通俗的，但通俗的大众文化在对外交往中却能引发更广泛的共鸣。中国前驻英国大使傅莹女士，就曾经在英国的发行量最大的通俗报纸《太阳报》发表文章，把英国的

① 参见 B. Russell: The Problem of China, London, George Allen & Unwin LTD, 1960, pp. 185-198.

音乐选秀节目"英国偶像"和中国的选秀节目"超级女声"做对比，说明中国年轻人和英国年轻人有着共同的文化情感，获得了英国读者的好评。① 这也成为公共外交的经典案例之一。

当然，根据美美与共的原则，注重现代文化传播的做法也不可一概而论。比如，如果我们同来自日、韩等受儒家文化影响比较深的国家的人交流，就可以谈谈传统儒释道文化；和东南亚佛教国家交流，也可以谈谈佛教思想对中国人的影响；和南美、东南亚和非洲的部分国家的人还可以谈社会主义和毛泽东思想。总之，对外多谈共同的文化、"美人之美""求同存异"是文化交流的核心原则。

第二，中国传统文化对外传播要注意新的"包装"，特别是要挖掘传统文化形式背后的普世价值。

我们是历史悠久的文明古国，传统文化博大精深，有很多让外国人感兴趣的文化形式，烹饪、功夫、中医在国外都有很多"粉丝"。我们的孔子学院在世界各国已经遍地开花，许多国家都掀起了"汉语热"。国家也进行了巨大投入，将中国的传统文化和艺术推广出去，展现给世界。

但是，传统文化形式在国外加速传播的同时，中国的文化形象却并不一定就会相应提升。一般外国人到中国来旅游，都乐于看一些有中国特色的东西，这是游客的共同心理。可是，外国人看到一些非常独特的艺术形式，除了满足猎奇心理以外，还会对中国文化留下什么样的印象呢？反过来想想，我们看了一场日本的歌舞伎表演，或者参观了一场东正教堂举行的弥撒，会自然而然地对这个国家的文化产生好感吗？一般不会。我们往往留下的只是"他们很特别"的模糊印象。"很特别"在一定条件下会变成"很奇怪"，甚至变成"异类""难以理解""变态"。

---

① "China breaks silence on Jedward", *The Sun*, Nov. 5, 2009, http://www.thesun.co.uk/sol/homepage/showbiz/tv/x_factor/2714798/Chinese-embassy-breaks-silence-on-Jedward.html.

所以，对于大多数普通观众来讲，文化形式本身并不会说话。我们需要推广的不是中国文化形式本身，而是中国文化形式背后的价值观。否则，有的外国人一边尝试中国菜，一边又指责中国人吃狗肉，残忍变态；有的外国人迷恋中国功夫，结果却把中国想成一个稀奇古怪的功夫世界，觉得中国人都还穿着马褂，走在大街上随时都可能拉开马步比画开来——看看西方拍的广告和电影里面中国人是什么形象，就知道这一点并不夸张；甚至有的外国人学了汉语，还用汉语说中国不好。西方政坛会讲汉语的"中国通"，好多都是反华人士。汉语本身并不能让他们喜欢中国。

实际上，世界文明群星璀璨，各有丰富多彩、大相径庭的文化形式，可是所有文明背后最根本的价值观是一致的。儒家讲的仁义忍让和基督教讲的柔和谦卑是相似的，欧洲的骑士精神和中国武术讲的"武德"也是相通的。我们给外国人传播中国的古典文化形式，一定要挖掘到背后的人类普世价值，才能达到"美美与共"的效果。对于那些外国人难以理解的文化形式和价值观，在对外交往中就不如雪藏起来，各自"存异"更好。

第三，对外文化交流要激发人类共有的人性、德行和情感共鸣。

平时我们一说到文化交流，好像都是专业机构和艺术团体的事。但实际上如果我们强调传播现代文化，那么中国的现代文化就体现在普通人生活的方方面面。要改变外国人对中国人的文化偏见，最强大的力量在每一个普通中国人，是每一个中国人的文化特性构成了中国的文化特性。也只有个人与个人之间的交流，才能形成真正深入的文化理解和情感沟通。

可是我们普通中国人和外国人沟通，往往不知道怎么开口；有时候一开口，就想讲大格局、大道理，讲你们美国怎样，我们中国怎样。其实，讲道理不如讲故事，说"你们""我们"不如说"你和我"。就从自己的经历、思想和情感讲起，多和对方寻找共鸣。

有许多朋友会问，我一个中国人和外国人能有什么共同点呢？实际上，人与人最大的共性就在人性相通，在人的情感、思维和理想。谈到这些深层次的东西，往往能引发共鸣，并且得到真正的理解和尊重。

前面谈到的前驻英国大使傅莹，公共外交做得好，也是跟外国人讲"小故事"的高手。她在外国报纸上发表文章，讲西藏问题，会从女儿写给她的信讲起；介绍中国 60 年的进步和发展，则会回忆小时候她的母亲用一块手帕包裹着粮票交给她保存的故事，并由此引出了中国曾经经历过的物质匮乏的年代。这些个人的经历，真诚地袒露了自己的情感，能够让外国读者产生共鸣。①

跟外国人讲中国文化，要多讲相似的现当代文化、挖掘传统文化背后的共同价值、用个人的语言和经历来讲，这样就能更好地"求同"。下面我从几个方面来谈谈中国当代文化的几个方面。这几个方面当然远远不能涵盖中国的当代文化，但我认为其中包含了一些比较有代表性的、能给外国人留下较深印象的共同价值。读者可以从这些方面形成自己的观点和故事，有机会的时候讲给外国人听。

1. 自由与责任：新中国人的身份定位

身份定位说的是中国人对自己与社会关系的看法。这种看法的变化折射出中国现代文化的价值观变化。

还是先从两个故事说起。这两个故事讲给外国人听也很有价值。第一个故事是"范跑跑"。2008 年四川汶川大地震中，都江堰一所中学语文教师范美忠在地震发生时第一个逃出教室，并事后在网上发言表示，自己只关心自己的生命，不会做先人后己、勇于牺牲自我的人。范美忠受到了很多批判。但是网络上也有人支持他，认为他很真实，不做好人

---

① 原文参见傅莹：《在彼处：大使演讲录》，北京：外语教学与研究出版社，2011 年版。

也是一种"自由"。

第二个故事同样是在汶川大地震发生时，中国各地许多志愿者自发组织起来，赶往灾区帮助受灾的人。这些志愿者完全是自主决定，并自己承担开销，其数量之多甚至使得政府劝阻新的志愿者不要再去，以免加剧灾区道路的堵塞和食宿的负担。中国民众这种志愿服务精神的崛起，并非一时一地的现象。2012 年 7 月，北京降下暴雨，一些北京市民自发开车前往机场，接送一些被困在机场的旅客，甚至开放家门为他们提供住宿。

这两件事看起来完全相反，但背后反映的是同一事物在中国的成长，就是个人自由的文化，和在个人自由意义上被重新定义的个人社会责任。

追求自由是所有人类的天性，因此自由并不能说是西方文化的特质。但是西方文化传统上确实比中国传统更强调个人自由的价值。这是由中西文明性质的差异决定的。我们都知道，从古希腊、古罗马开始，到后来的西班牙、荷兰，再到英国、美国，西方文化的主流是一种"海洋文化"。海洋文化是以贸易为基础的。居无定所的商人，再加上中世纪四处游荡的传教士、游吟诗人和十字军骑士，代表了西方文明的自由基因。欧洲城市商人阶层对封建贵族的反叛，吹响了西方现代化的号角。因此，我们老听西方人说自由。其实自由文化是贸易、工业化和城市化带来的生活方式的产物。

与西方不同，中国古代文明是农耕文明，也是人类历史上最成功的大陆文明。农耕文明把人固定在土地上，并进一步固定在家族和宗法秩序中。这样可以保证更稳定的生产和养活更多的人口。这种文明不鼓励人的自由流动，也不鼓励贸易，要求人遵守整体的秩序，并把整体福利看成个人福利的基础。在中国古代，人的自由精神，大多数时候只保存在诗歌、艺术中对宗教的宽容和哲学冥想之中。

现代以来，新兴的工业化和城市化正在让中国迅速从一个农业文明转入工商业文明。工商业文明的一些新价值体系正在形成。自由文化就是其中之一。今天的中国人已经享有了相当普遍的自由：自由选择职业，自由迁徙，自由恋爱，并在小餐馆里和网络上相当自由地发表言论。今天的中国已经完全称得上是一个流动、开放和充满自由精神的社会。这种变迁非常重要，我们要多向外国人介绍，也很好介绍，因为每个人自己日常的生活方式就可以当作证明。

另外，我们还应该向外国人介绍中国正在出现的关于自由界限的困惑。中国发展得太快了，以至于自由文化的发展出现了一些脱节。

第一个脱节是自由与法治的脱节。在崇尚个人自由的海洋贸易文化中，契约和法律是人与人处理关系的保障。这也可以解释为什么西方有更加良好的法治基础。法律的健全是缓慢的过程，法治精神的建立则更加漫长。今天，中国人在迅速享有和追求工商业社会带来的个人自由的同时，却还没有为自由建立起很好的规则和界限。绝对的自由带来的是相互伤害和道德的陷落，最终是社会的腐败和自由的丧失。这是中国当代文化建设面对的一个很麻烦的问题。这也就是"范跑跑"事件体现出来的问题。

第二个脱节是自由与责任的脱节。中国人的传统生活秩序是由家族、政府和其他社会权威来安排和维持的。今天，新的工商业社会的生活方式让中国人有了更多自由的选择。可是更多的自由意味着更多的责任。很多中国人还不能适应这一点。他们一边抱怨父母或者政府管得太多，另一边又抱怨父母给的生活费和政府给的福利太少。现代工商业文明就像一枚硬币，自由的背面就是责任。传统的责任强调对家庭和国家的贡献，现代的责任则加上了"个人"的纬度：对自己、对其他没有亲缘关系的个体的责任。前面谈到的中国志愿者精神的崛起，证明中国以个人责任为基础的公民社会正在发育并逐步走向成熟。

最后，我们还要告诉外国人，中国恐怕永远不会成为西方那样的社会。中国的文明基因仍然不同于西方的海洋商业文明。浙江省是中国海洋文化和商业文化最发达的省份之一，浙江商人最近几十年走遍了世界，但是他们做生意和处理生活问题的方式，还是受到中国传统文化的影响，留存着家族的、集体的和故土的因子。中国正在进入现代工商业文明，但中国的现代文化不会变成另一个美国或者西欧。

2．进步与优雅：新中国人的价值取向

这个故事说起来有点尴尬。2011 年 7 月 25 日，《纽约时报》第四版的头条文章用下面几句话结尾：

"中国，请停下你飞奔的脚步，等一等你的人民，等一等你的灵魂，等一等你的道德，等一等你的良知！不要让列车脱轨，不要让桥梁坍塌，不要让道路成陷阱，不要让房屋成危楼。慢点走，让每一个生命都有自由和尊严，每一个人都不被时代抛下。"

这段话不是西方记者的原创，而是引用了两天前的中国动车相撞事故后，一位中国评论家的博客。纽约时报记者做出了这样注解："动车事故增加了中国人举国上下的不安，即在国家向现代化冲刺的过程中，安全被牺牲了。"

奔向现代化，或者"变革与进步"，这是中国现代文化的最大价值共识。现代中国的形象就是日新月异、不断变革、迈向工业化和现代化的形象。我们一直努力向外国人展现这种形象。因为无论如何，工业化、城市化、现代化的生活方式，加上科学、进步、改革的思想，是中国和西方现代社会最大的文化共识。

但是，同时我们应该知道，西方社会还有反思现代化的文化。反思现代化也是现代文化的一部分。快速地发展、不断地变革，给人带来更大的压力和不确定感，顾不上生活的优雅，甚至牺牲了社会道德和自然环境。在西方，对现代化的反思，某种程度上等同于对优雅文化的回归。

上面那段中国评论家的博客文字，体现了中国开始出现反思现代化、追求优雅文化和道德回归的新现代文化。我们应该把这一方面多向外国人介绍介绍。以前我们说，要让外国人在经济上全面了解中国，不但要让他们看北京、上海，也要让他们去看贵州和青海。同样，要让外国人从文化上全面了解中国，不要只让他们看最新的建筑和最先进的工厂，也要带他们去看看北京东郊的宋庄或者深圳的大芬村。让他们知道，在中国最发达的城市生活中，有一些人并没有像大多数人一样追求金钱的成就，而是安静地享受艺术生活。

如果有一天，即便是中国的商人，在和外国人谈完生意以后，还能再聊上两句艺术和哲学，那么中国商人的个人形象、中国整体的文化形象一定已经大大提升。

3. 多元与统合：新中国人的社会认同

在北京奥运会开幕式上，第一个节目让外国人十足震撼：2008个演员进行击缶表演，整齐划一，美轮美奂，犹如一体。此外，另一个最让外国人震撼的情景，是在运动员入场式的时候，数个小时的时间，几千名青年志愿者在跑道两边，始终在挥手、鼓掌、舞动脚步、保持笑容。我遇到好几个外国人跟我说，这种群体统合的力量，他们做不到。而且他们感觉只有中国做得到。

集体主义、纪律、配合、服从，这是中国文化的一面。外国人对这一面抱着纠结的情感。一方面他们感到佩服，同时又有一点担心。甚至有的外国人会固执地把这种文化联想到德国的法西斯主义和苏联的斯大林主义。

我们没必要因为西方的不适而怀疑自己的集体主义文化。这是中华文化传统的一部分，也是中国人固有的特色。实际上，西方也是非常崇尚集体荣誉感的。不信你看看美国人的爱国主义，就连阿拉斯加红灯区的街口都挂着美国国旗。

但我们也要同时向外国人展现中国现代文化的另一面，即对多元文化的包容，和对个性追求的鼓励。

我们要告诉外国人，中国人鼓励和欣赏创业。许多年轻人从学校一毕业，都梦想创造一番自己的事业。中国的公司往往为自己留不住人才而烦恼。许多优秀的员工到一定时候都坚决地放弃现有职位，只是为了实现自己创业的梦想，这跟同属东方文明的日本的企业文化大为不同。甚至一些退休或者失业的人，都会去继续追寻自己的事业发展。重庆最成功的企业家之一的尹明善就是在 50 岁以后才开始从事自己事业的。在以小微企业发达著称的浙江，每天都有企业在诞生，也有差不多同样多的企业在倒闭。江浙一带创业潮之盛，以至于一个大家族的每个小家庭，甚至每一个家庭成员，都试图开设自己的工厂或者公司。西方市场经济非常强调"企业家精神"。外国人要理解中国 20 年来的经济奇迹，从微观上就必须首先认识这种在中国各地迅速升腾的"企业家精神"。

另外，除了创业以外，当代中国人还热衷于追求多样的生活。中国几乎每一家省级电视台，都尝试过做文艺选秀类节目。有些追求音乐梦想的中国年轻人，每天在地下通道唱歌，被路过的行人用手机录下，上传到网络上，就会成为媒体一时追捧的明星，个别人甚至登上中央电视台的春节晚会的舞台。也有许多中国年轻人热爱旅游，自愿到边远地区担任教师志愿者，或是梦想成为摄影师、艺术家和自由作家。这些道路在中国的社会环境下虽然仍然很艰难和"另类"，但总有人因为自己的天赋和努力而取得成功。把你知道的这些故事讲给外国人听，他们会非常感兴趣。

西方人通常认为，集体主义和多元社会是相互矛盾的，集体倾向会压制个人的追求。而在中国，这两方面在现代文化中并存，并且用特殊的方式结合在一起。有两个例子可以非常好地证明这种结合：

一个是浙江的商人。就像前面说的一样，浙江几乎每一个家庭都试图建立自己的企业。可同时，这些企业又靠家族的纽带密切地联系在一起。浙江人不太向银行贷款，他们的资金在家族和朋友之间相互拆借。这种家族和同乡的集体纽带帮助浙江商人在某些方面取得了异乎寻常的成功。实际上在中国，这种现象不是浙江人开创的，也不是浙江商人所独有。个人创业精神和集体主义纽带的奇妙集合是中国商人的悠久传统。

第二个故事属于退休的中国大妈。在中国各地的城市，傍晚的公园里都能看到许多退休的中国妇女，她们按时聚在一起，规模从数十人到上百人不等，跳集体舞，动作整齐，节奏一致，蔚为壮观。在世界其他地方的街头，你可以看到三三两两、个性十足的街头表演，但中国大妈的集体舞绝对是独一无二的。这看起来又代表了中国人的集体主义。但是，我们应该为外国人补充一点信息：这些大妈互相之间往往并不相识，跳完舞之后各自回家，一般没有什么牢固的、组织性的联系。外国人在旁边看到的是一场集体舞，可是对于跳舞的每一个人来说，这是她们每天的一段个人锻炼或者艺术生活，是自主选择的个性生活的一部分。这是中国人把个性追求和集体精神结合的又一个表现。

4. 批判与创新：新中国人的思想趣味

批判精神和创新精神也是中国现代文化的重要部分。这并不是说中国传统文化里面没有批判和创新的成分，而是说随着自由、流动和竞争性的现代工商业文明的深入发展，中国人的批判精神和创新精神被更广泛地释放出来了。

在中国，网络的舆论体现了这两种文化的结合。在中国的网络上，我们每天可以看到各种各样的评论。对这些评论如果非要找出什么共性，就是追求与众不同。很多人的理论会被其他人批判，而批判别人的话又会遭到另一个人的反对。很多中国人在网络上都在挖空心思地表现自己独特的思想和观点。有些创意简直叫人忍俊不禁，拍案叫绝。每隔一段时间，就有新的语言和概念从网络诞生，被传统报纸或者电视使用。在当代文化中，中国人有着越发浓烈的批判和创造精神，带有黑色幽默的生活情趣，都应当让外国人知道。这必定会引发他们的共鸣。

另外，中国人在网络上的批判和创新精神还需要更多地转化成有益的社会成果。许多在网络上非常聪明活跃的人，到真实生活中却很少做出创造性的贡献。这需要中国教育体制和社会管理体制的进一步改良，为有创造力的人提供空间。

但无论如何，外国人不能再把中华民族想像成一个沉闷的、抑郁的、毫无生气的民族。中国人有着与生俱来的聪明和敏感，随着进一步的制度改革和思想解放，中国文化将释放出更大的创造性能量，为世界和人类发展做出开创性的贡献。

总之，我们要敢于和外国人谈现代文化，谈他们喜欢谈的自由、多元、创新与优雅。我们越和外国人谈，反过来越能更好地认识和提升自己，也越能建立起基于现代特征的文化自信。在内外对比的文化自审中，中国的现代文化更有希望重秀于现代民族之林。

三、讲好文化差异

跟外国人交流中国文化，理解了"求同存异""美美与共"的大原则，还要注意另一个问题，那就是文化自信。

中国要建立现代的、美好的文化形象，求同存异只是方法，文化自信才是根基。没有"各美其美""美人之美"只是空中楼阁，"美美与共""天下大同"更不可能实现。

但是西方的文化处于强势，对中国人又有文化上的误解。我们和外国人沟通，既要在文化上"求同"，又要保持文化自信，这并不容易。

前些年国内有一场争论，是关于龙作为中华民族代表性图腾的问题。有的学者认为，龙（Dragon）在西方神话和文学中是典型的邪恶形象，是带着翅膀会喷火的怪兽。我们中国人都自称"龙的传人"，但对外这么说就有可能在西方民众那里产生负面印象，甚至被别有用心的西方媒体找到说辞。很多学者建议不要主动在西方普通民众中凸显龙的图腾，以免造成误解。这些思考和建议体现了国内学术界越来越重视中国对外文化形象塑造问题，也意识到了"求同存异"这个对外文化交流的基本原则。

然而，有的学者提出了一些激进的建议，比如，为了让中国的形象更可亲，中国应该抛弃龙作为民族图腾的象征，改用别的更具有亲和力的动物，比如熊猫。换句话说，中国人不再是"龙的传人"，而是"熊猫一族"。这种设想激起了非常大的争议。很多民众都表示接受不了。

这场争议代表了在对外文化交流中求同存异和文化自信的关系。

我们生活中与人交往，总希望获得别人的尊重。可是萝卜白菜，各有所爱。跟随别人的目光，就永远找不到自己。因此我们知道，只有自己喜欢自己，别人才会喜欢你，尊重自己才会赢得别人的尊重。

这是生活中简单的人际交往道理。放到国家的文化交流中也是一样。美国的国家象征是白头雕，是凶猛的大型食肉动物；俄罗斯的象征是熊；英国人喜欢狮子；法国人称自己是雄鸡。这些动物给人的印象可以是凶猛、残暴，也可以是力量、自由。熊猫温和可爱，也有可能代表着脆弱可欺。首先是你自己相信它是什么，别人才会相信它是什么。

再举一个例子。老鼠可能在全世界都是让人生厌的动物。可是美国的迪士尼偏偏拿老鼠做出了"米老鼠"这样的可爱形象，在《猫和老鼠》里面，老鼠甚至代表了美国人以弱胜强、开朗幽默的性格。这就是美国人的文化自信，也是美国人的文化优势。他们在塑造标准，而不是迎合标准。

因此我们中国文化界最需要做的事，不是抛弃龙的图腾，而是争取什么时候出品一些关于龙的动画片，能在国际市场畅销，在外国人那里塑造"中国龙"的正面形象。

缺乏文化自信的背后，是缺乏文化力量。按理说，中国人最不应该缺的就是对自己文化的信心。上下五千年的灿烂文明，祖先流传下来的文化遗产，大多数中国人都能如数家珍。许多中国家庭让孩子从小就学习书法、国画、围棋，女孩子学习民族舞蹈。中国应该是世界上最具有文化自豪感的民族之一。

当今世界西方掌握着文化话语权，他们制定标准，并负责解释规则。我们在面对西方的时候，发现自己有很好的文化，可是无法和西方提出的标准对接。这使我们在文化沟通时显得弱势，甚至按照西方的标准评判。因此，讲好中国的文化，还要做好一个关键功课，就是提升对文化差异的理解能力。在跨文化沟通的理论中，这被称为"文化敏感力"，也就是我们要敏锐地透过事情的表面，意识到现象背后的文化起源。

文化的起源本身没有高低之分，但它表现出来的行为确实会有适当与不适当、高雅和粗俗、文明与落后。这取决于跟环境是否契合。西欧国家的人觉得美国人性格粗鲁，换个环境，美国人又显得率性、可爱；美国白人觉得黑人和拉美人懒惰、没有上进心，换个角度，又觉得他们快乐、不功利、懂得生活的艺术。中国人的性格和文化，也会让外国人感觉有差异、甚至是差距。但这不是文化的"劣根性"，而是文化的不适应。我们要调整的是行为，而不是改造文化。

以下我们就一起分析下近年来媒体上经常报道的中国人的"文化恶习"，看看我们怎么从文化差异的视角理解、并向外国人解释这些行为。

第一个问题："中国人为什么喜欢在公共场合大声喧哗？"
2015年，德国一家五星级酒店在餐厅门口贴了一张告示：尊敬的客人，如果你想要享受安静的早餐，请在8点半之后再来。8点半之前有中国的旅行团用餐。

这一纸通告引发了很大的争议。德国的媒体报道了这件小事，刺伤了中国读者的感情。不少人说：凭什么这样侮辱人，中国客人就不是客人吗？另一些人则说：中国人在吃饭的时候大声喧哗，把脸都丢到国外了。

公共场合吃饭的时候声音很大，确实是我们中国人的特点。一般我们在国内还不太感受得到。以前中国人到饭馆里"下馆子"，都是请客高兴的事。中国城乡大大小小的饭馆里，最典型的情景都是熙熙攘攘、热热闹闹，每桌人都在敬酒请菜、你来我往，其中如果有一大桌子人吃饭不说话，甚至会让人觉得很奇怪，也许是闹了矛盾。

可是在德国的饭桌上，多数人都细声细语，甚至很偶尔才交谈。中国人把自己吃饭的习惯带到德国去，当然会让德国人感觉不礼貌，认为中国人很粗鲁。

但显然，热热闹闹地吃饭是一种文化，安安静静地吃饭是另一种文化。中国人喜欢热闹吃饭，可能跟中国人对吃饭的态度相关，也跟中国人吃饭的方式相关。中国人把吃饭看作聚会，赋予了社交的功能，不谈工作、只谈感情。因而中国人会在餐桌上常常会大量饮酒，"喝到位了"，距离才会减小、感情才会加深。喝多了，说话的声音当然就大了。

西欧人也在餐桌上喝酒，但喝得很节制，一杯红酒往往只是仪式性的象征。他们甚至会把用餐作为非常正式的公务场合。西欧人连外交都是在餐桌上搞的，有一大堆餐桌上的外交礼仪。这样的场合怎么会高杯畅饮、大声喧哗呢？

不过，不要以为德国人就没有酩酊大醉、高谈阔论的场合。这种场合往往是在小酒吧里，那时候也是一个比一个放得开。其实西方人也觉得自己吃饭吃得挺累的，所以饭后都喜欢到酒吧里去放松。2015年，中国国家主席习近平访问英国，时任英国首相卡梅伦就在正式宴请之后，专门请习近平去了一下酒吧。他说酒吧才代表英国人的文化。其实他的意思是：在餐桌上，我们是谈工作的；到酒吧里，我们是谈感情的。一起去泡吧，就是真朋友了。

所以，西方人进了中国人的饭局、中国人进了西方人的酒吧，都会有点不太适应，感觉对方太过狂野了。这是我们缺乏文化的敏感力。其实谁没有酒酣耳热、热情又奔放的时候？场合不同罢了。认识到场景差异背后的文化共性，我们就不是想当然地评价、排斥，认为中国人比西方人更粗鲁，或者西方人比中国人更放纵，而是根据不同的场合调整适应，跟对方产生情感上的共鸣。这就是有了跨文化沟通的"文化包容力"了。

类似的文化敏感和包容，放在国内也管用。中国人在国内高档的西餐厅吃饭，哪怕周围都是中国人，也最好小声说话、少喝点酒，才有对文化的理解和适应。请外国人吃中餐，也要看对方的文化背景，不要过多劝酒。如果想让他喝开心，吃完饭去酒吧。另外，要注意不同国家的人餐饮文化也不一样。日本、韩国人和中国人一样，也是把餐桌当酒桌，吃饭的时候无酒不欢的。东欧国家，比如俄罗斯，在喝酒的问题上也更接近于亚洲人的文化。

第二个问题："中国游客为什么喜欢乱扔垃圾、随地吐痰、乱穿马路？"

如果说吃饭的时候大声喧哗，旁人就算不堪其扰，至少可以感受到热情奔放的性格；那么随地吐痰、乱扔垃圾，就是完完全全的不雅。媒体经常报道，中国游客去过的地方，经常垃圾遍地。一些不文明的行为给当地人留下了坏印象。一些中国人对此比西方人批判得还激烈，认为这是中国人的低素质、劣根性。

如果我们有文化的包容力，就会反对一切类似"文化劣根性"的说法。

即便是明显的不文明行为，也不是因为它天生恶劣，而是环境错位。

乱扔垃圾、随地吐痰，是典型农村生活的习惯。在过去几千年，农村都没有垃圾桶，没有集中处理垃圾的系统。一个城市人到了农村，适应农村的环境，也会随地吐痰、乱扔垃圾，否则就会活得很麻烦，这是环境使然。

在大多数中国的县城和乡镇中，人们都乱穿马路，甚至干脆走在马路的中间，偶尔有一辆车过来，才会不情愿地避让。一个大城市的人，习惯了过街天桥、地下通道、封闭式道路和红绿灯，到这样的环境中会失去正常过马路的能力。

反过来，中国的游客，有不少来自农村和乡镇，他们到大城市生活、到国外旅游，就要适应大城市的生活方式和规则。很多人对环境的变化不敏感，保持着原有的习惯，就会出现"不文明"的行为。从农村生活到城市生活、从农业文明到工业文明，人类确实有一条进步的轨迹。从这个角度上我们可以说某些行为是"不文明"的。但把它们归结为"民族劣根性"，是没有道理的。

我们跟外国人解释这些问题的时候，也应该讲中国生活方式的快速变迁，以及中国人对新生活方式的调整和适应。动辄跟外国人说"中国人就是素质低"，不但不能得到外国人的认同和赞赏，反而会激起强烈的反感。因为按照这样的逻辑，非洲人就是"懒"，美国人就是"俗"，英国人就是"装"，犹太人就是"坏"，日本人就是"假"，印度人就是"脏"。所有的种族主义和文化冲突，往往都来自于自我中心的视角和静止不变的眼光。

相反，具有文化敏感力和包容力的人，既能觉察到自己与他人的文化差异，也能觉察到过去与现在的文化差异。在时间和空间的维度上理解文化差异，才能更好地适应不同文化，实现成功的跨文化沟通。

第三个问题："中国人开车为什么不避让行人？"

我在美国有一位朋友，他第一次要到中国来的时候，专门问了我一个问题："你认为我到中国去以后，最让我惊讶的事情会是什么？"

我第一次被问到这样的问题，一时间竟不知道如何回答。想了一会儿后我说：你过街一定要注意安全，因为中国的司机跟美国的司机不太一样，他们不会减速避让行人。

我说这个事情，是因为很多第一次到中国的外国朋友都跟我抱怨过，在中国过马路很危险。在大城市有规范的红绿灯问题还不大，到小城市和乡村，这样的文化冲突则尤其严重。中国的司机和行人之间的互动方式，跟很多国家的都不同。中国人已经安之若素，甚至颇有心得，但很多外国人走在路上常常会被吓一跳。

这代表了什么呢？中国人太过粗鲁？但我不喜欢这样的答案。

后来这个朋友到中国以后，我问他，实地经历以后，你对中国最大的感受是什么？他说，中国让我感觉到很安全。虽然过马路的时候不太安全，但这些急匆匆的司机和行人，仍然给我一种安全感。

这回轮到我惊讶了。为什么呢？

他说，因为他们看起来都有事在忙。在美国，大街上总是有人晃晃荡荡，人们走在街上，就会感到害怕。

这个答案冲击到了我。这是一个典型的外国人的眼光。中国人是很急，不但开车急，赚钱也急，人生的每一步似乎都在赶，这会焦虑、竞争、彼此伤害，但也代表着这个社会充满了活力。与其把这些问题简单地往"文化"、"民族性格"上去归纳，不如说是一个发展阶段的状态。我想一定的阶段过后，社会的节奏会改变，越来越多的中国人希望慢下来。这也不是民族性格的改变，而是生活方式的改变。当我每天开车从熙熙攘攘的北京三环路转进校园的时候，就会感觉到天地一下安静和缓慢了很多。学生们在路上慢慢地走，老教授骑着自行车。我从来不会按喇叭，会避让过街的任何人。这个时候，与其说是一种"文明规范"在约束着我，不如说是一种心境由内而外地指挥着我。

所以，要改变中国的文化形象，最重要的不是改变中国龙的图腾，也不是"改造中国的国民性"，而是加快改变我们的生活方式，让我们的文化和心理适应新的生活。

抱着这样的眼光，才能跟外国人讲好中国人的生活和文化。

第八章

中国向何处去?

一、中国对世界的态度

人人都参与"公共外交",主要的目标是让外国人了解中国。可是外国人想了解中国的什么呢?如果我们想要努力传达的和外国人急于了解的对不上路,那么"镜像理论"就会发挥扭曲作用:我们讲的,外国人听不进去;我们没讲的,外国人却根据自己的需要去想像,构建出各种失真的"中国图画"。所以,知道外国人想了解什么,是做好公共外交的第一步。

约翰·加尔通教授是挪威科学与文学院院士,也是著名的国际问题学者。2010 年 9 月首届"公共外交国际论坛"在北京召开期间我邀请他到论坛上做主旨发言。在场的很多人期盼听到这位 80 岁的国际"和平学之父"将怎样评价中国与外国的关系。当加尔通教授站到讲台上,他抛开了预先准备的讲稿,用下面这段话开始演讲:

"我认识中国已经长达四十年之久,我也一直很想把中国介绍给世界。世界究竟想了解什么样的中国呢?我很抱歉地告诉大家,世界最想了解的不是中国的厨艺、武术或者中药,虽然这些是非常棒的中国文化。

我想世界最急于知道：中国如何在三十年内实现西方三百年的文明发展。你们究竟是怎么做到的？其他国家能照学吗？"

加尔通教授的话很有代表性。

在国外，真正对中国感兴趣的，主要是知识阶层和社会精英；而这些精英最想了解的是中国的发展道路。看看如今华盛顿、伦敦和东京的"思想库"，每年要召开多少个关于"中国模式"的研讨会，出版多少本关于"中国道路"的书，就能对当前国外知识界的"中国热"或者"中国迷"略有感知。今天外国人对中国发展道路的兴趣，恐怕比我们中国人自己都高得多。

要向外国人解释中国的发展道路，是非常宏大又复杂的话题。即便目前可以总结出一些中国的发展经验，如何让外国人理解、接受，又是另外一个难题。这既要精通外国人习惯的话语方式，同时又不能说得太复杂、太理论化，难于理解和普及，实在不是容易的事情。

然而，不管怎样，因为各种原因，中国的发展道路问题在国际上没有解释清楚，"中国威胁论""中国崩溃论"等论调当然就会在世界各地阴魂不散。

实际上，如果把"中国道路"这个宏大的问题化极繁为至简，外国人最关心的，其实最终是"中国要向哪里去"的问题。那么，我们向外国人介绍中国，就可以从一句话开始：

"中国人想要融入世界。"（Chinese want to embrace the world.）

从公共外交的角度来看，这句话比"我们中国是一个文明古国"，"我们中国还是发展中国家"或者"我们中国人一贯热爱和平"等说法，更能激起外国人的兴趣。

很少有中国人真正认识到，我们这个民族对外部世界的兴趣有多么与众不同。在中国，近年来发行量最大的报纸是《参考消息》——一份主要编译国际新闻的日报。这在全世界其他国家是难以想象的。世界上

中国向何处去?

大多数的人买报纸都希望读到国内新闻,尤其是轻松的社会新闻甚至花边消息。而数以百万计的中国人却每天购买《参考消息》《环球时报》这样的国际政治类报刊。即便是在中国某些市、甚至县的地方新闻报纸上,国际新闻也占据着相当的版面。这在全世界都是一道独特的风景。

按照发行量排名(2011 年数据)①

1. 读卖新闻

2. 朝日新闻

3. 印度时报

4. 日本每日新闻

5. 参考消息

6. 日本经济新闻

7. 太阳报

8. 德国图片报

9. 日本中日新闻

10. 印度觉悟日报

我们可以把中国人的这种特征称作"《参考消息》现象"。它首先标志着中国人对外部世界抱有超乎寻常的兴趣。这种现象不是在买报纸的时候才体现。比如在中国内陆某个小县城举办的婚宴上,一桌子不同年龄、不同阶层的中国人因为主人的邀请随机地坐到一起,刚开始他们会因为彼此不熟悉而感到气氛有些沉闷。大家埋头吃饭,不知道说些什么。这时候能够打破尴尬的话题是什么呢?往往是国际新闻。对中国人来说,和陌生的人谈家长里短有碍隐私,聊明星八卦或者体育新闻又并非老少

---

①《世界发行量最大的十大报纸最新排行榜》,2012 年 6 月 23 日,网址:http://www.66780.cn/?post=337.

皆宜，聊股市和房价要取决于市场的热度，永不过时的共同话题竟然是国际时事：英国脱欧、特普朗当选美国总统、朴槿惠被弹劾、朝鲜的金正恩，不同年龄的中国人都能说上两句。中国人对这样的现象见惯不怪，但如果你把它介绍给外国人，他们会感到非常惊奇。

"《参考消息》现象"还有另一重含义。这份报纸主要翻译国际媒体的报道和评论。这代表中国人对世界的一种开放态度。中国人不只关心世界在发生什么，也愿意倾听世界的观点。如果可能的话，中国人还非常愿意走到国外去亲身体验国外的生活。现在中国每年有数十万留学生出国留学，还有超过这个数字上百倍的人到世界各地旅游、经商。值得注意的是，这些走出国门的中国人大多数来自中国的大中城市。他们的物质生活水平与西方社会已经没有太大的差距。甚至许多留学生不得不离开国内优越的家庭环境到国外学校去"吃苦"。跟前辈的移民不同，今天的中国人出国不再是为了追求在国内无法达到的物质生活水平，而是为了到国外去学习、体验和了解不同的文化。

当代中国人的思想确实有高度开放和相当包容的特征，尤其和世界上许多其他国家的人对比的话。因此，当我们面对外国人的时候，应该真诚地告诉他们：中国人喜欢外部世界，中国想要融入这个世界。每个中国人身边都有很多故事，可以拿来证明中国人对世界的热情与好感。这些都是中国人真实的民族性格和价值观，会给外国人留下非常深刻的印象。

如果外国人问我们"为什么中国人对世界那么感兴趣？"，我们也可以讲出很多理由。比如中国自古以来就有"天下"的观念。《礼记》中讲的"修身、齐家、治国、平天下"，在"国"之上，中国人还惦记着"天下"。"天下兴亡，匹夫有责"，也是激励中国人以个人的微小之躯，关心宏观的"天下大事"。中国历史上大多数时候都没有建立普遍的宗教社会，但古代中国人的信仰观念恰恰是建立在自己与天地间万物的互动关系基础上的。中国人的"天下"情怀和中国人的特殊信仰方式相连，具有悠久的生命力。

另一个理由是近代屈辱的历史。随着清朝末年殖民战争的炮火轰开中国的国门，西方列强纷至沓来，"天朝上国"的美梦破灭，"天下"的含义也发生了剧变。但100年屈辱历史只会让中国人变得更加关注外部世界，关注中国在世界中的位置。现代中国的民族认同和国家定位，正是在与外来势力的冲突和融合关系中得以重建的。从这个意义上讲，世界也是中国的一面镜子。认识世界也是中国建立新的自我认知的一种方式。

除了天下观念和半殖民地的历史，中国人关心世界事务的第三个原因要归于中国共产党的领导方式。清末和民国时期中国人开始"开眼看世界"。但是中国共产党最终完成了对每个普通中国人的现代政治启蒙。与国外许多错误的成见不同，中国共产党在大多数时候非常注重对外学习，表现出追求现代化的开放精神和革新意识。1949年以后，中国的学校大力普及了现代科学教育，文盲率迅速降低至发达国家的水平。源自德国和当年俄国的马列主义理论成为政治制度和经济政策的指导思想。1978年以后，中国的大门再次敞开，西方的商品、学术思想和文化形式迅速涌入，参与了中国新一轮的学习、思辨和改革浪潮。2001年中国加入世界贸易组织，在经济上同世界进一步融为一体，成为新世纪全球化的主要参与者和获益者。今天，在西方社会出现"反全球化"浪潮的情况下，中国甚至主动扛起了全球化的大旗，成为推动自由贸易和跨国交往的主要力量。

因此，追赶发达国家的生活水平，热情拥抱现代工业文明，是一百多年来中国人对世界的基本态度。在一些传统印象的影响下，今天还有许多外国人觉得中国人是封闭的、神秘的、难以理解的民族，也有人相信中国人试图把颠覆性的"革命"推向整个世界——强大以后的中国难免会像前苏联那样在全世界干涉、扩张。如果我们通过自己的介绍，让外国人更深入地认识到中国人对世界的开放态度，他们对中国的误解就会小一些。

当然，随着中国改革开放的成功和对世界的深度融入，越来越多的西方人，尤其是西方精英已经逐步认识到中国和前苏联的区别。2005年，美国前总统小布什抛弃了他上台以后把中国看作继前苏联之后又一个"战略竞争对手"的说法，提出"要以建设性和坦诚的方式与中国接触"。同年9月21日，时任美国副国务卿的罗伯特·佐利克在"美中关系全国委员会"发表了一个里程碑式的演讲。在这篇名为"中国向何处去"的演讲中，美国要求中国成为国际社会中"负责任的利益攸关方"。美国人发出了明确信号：中国如果真的愿意和平地融入世界，必须担负更多的国际责任，证明自己想要成为这个世界的合格一员。①

美国和全世界的国家都已经认识到：中国是一个大国，中国在成长，中国将影响未来的世界。对美国和全世界来说，根本的问题是：中国将如何运用自己的影响力？

> 为了回答这个问题，现在我们在政策方面需要看得更远一些，不仅仅考虑为中国加入国际体系打开大门的问题：我们需要促使中国成为这个体系中负责任的、利益相关的参与者。
>
> ——罗伯特·佐利克《中国向何处去》

现在我们知道，对于中国，外国人最关心的问题是："中国向何处去？"对于这个问题，我们应该告诉外国人："中国想要融入世界"。

现在很多外国人开始接受这一点，但他们会说，那样的话，中国需

---

① Robert B. Zoellick: "Whither China: From Membership to Responsibility?", September 21, 2005, http://www.cfr.org/china/whither-china-membership-responsibility/p8916.

要承担"国际责任"。

在许多外国人眼里，"国际责任"已经成为中国意图的试金石。可是，什么是国际责任呢？国际责任由谁来规定呢？除开西方想要中国承担的那些"责任"，中国自己又打算为世界做出什么样的贡献？

二、好国家的标准

世界并不是一开始就是我们现在看到的样子。今天我们谈论的"国家"，以及与国家相关的概念——"主权""领土""国际责任"等概念，全部是来自欧洲的"舶来品"。而这样的世界，在欧洲诞生也不过才几百年的时间。

在漫长的中世纪，欧洲是一个由封建隶属关系、教会网络和贵族姻亲关系联系起来的庞大社会。那时候的欧洲，有许多"国王"，却没有真正意义上的"国家"。一个国王只是在名义上统辖着一大片土地。这些土地的管理甚至归属，大多数都由不得他来做主。

比如，很长一段时间内法国国王名义上拥有欧洲西部的大片土地，但通常真正能够管理的就是巴黎及周边的一小块地方。12 世纪的一天，法国的国王一觉醒来，发现法兰西三分之二的土地一夜之间已经成为了英国人的嫁妆。原来法国南部的一个安茹伯爵娶了英国国王的女儿，再加上各种复杂的联姻，不久以后法国一半以上的领土就成为家庭遗产并入了英国国王麾下。这后来导致了英法之间的"百年战争"——断断续续打了一百年，也算人类历史上绵延最久的战争了。

又比如，300 年后，另一场婚姻又让奥地利的神圣罗马帝国和强大西班牙连为一体，这回闹得更大，掀起了全欧洲的战争波澜。最后引发的连锁反应间接导致了现代欧洲民族国家体系在战火中诞生。

总之，在很长的时间内，欧洲的"国家"跟我们今天理解的国家非常不同，无所谓确定不变的国界，不知道什么叫"主权"，更没有所谓"神圣领土不可侵犯"之说。国王与贵族之间、邦国与领地之间、教会与僧俗之间按照传统的习俗履行着各种各样的责任关系，但唯独没有我们今天所说的"国际责任"存在。

　　直到17世纪初，欧洲打了一场非常悲惨的"三十年战争"，才终于在欧洲创造出了"民族国家"的概念，有了现代意义上我们所熟悉的英国、法国、西班牙等国——至于德国和意大利，则还要两百年后才会在新的战争中诞生。

　　有了现代意义上的国家，就开始有了国家之间的交往，也就是我们说的"国际关系"。在相互交往的过程中，欧洲国家逐渐建立起了相关的国际规则，约定国家共同遵守的权利和责任。这些规则有时候是用国际条约和国际法明文规定的，有时候则只是彼此默认的一些行为原则、惯例和道德规范。

　　有了国家和国际关系，欧洲才开始有"国际社会"。国际社会中包含了国家共同约定的权责关系，比如相互尊重主权、互不干涉内政，还有关于航海、贸易、战争等等一些具体的规则。一个国家只要处于这个国际社会之中，就必须接受它的相关规则，并依此对外履行责任、享有权利。因此，"国际责任"实际上就是国家加入国际社会所担负的对外义务关系。

　　当时欧洲人发明的那套国家间的游戏规则，离中国还很遥远。中国所在的东亚存在一套完全不同的"江湖规矩"，西方学者把它称为"朝贡体系"。在"朝贡体系"下，中国是东亚各国的中心，与各国用一种独特的方式保持着政治和经济联系。日本、朝鲜、东南亚和西域的国家以"进贡"的方式向中国表示服从，中国则对各国的安全提供保护，并用赏赐和贸易的方式对各国进行经济扶持。东亚地区的国际规则，跟"民族国家""主权平等""国家利益""力量均势"等欧洲概念有着天壤之别。

19 世纪中期以前,对于生活在东亚的人们来说,这套被称为"朝贡体系"的国际秩序已经有了上千年的历史,是传统和生活的一部分。然而,随着后来西方殖民列强的不断侵蚀,尤其是鸦片战争之后,中国作为朝贡体系的中心,本身的国家地位岌岌可危,东亚传统的国际关系就无法维持了。亚洲国家在连绵的殖民战争中,被强行纳入欧洲那个"国际社会",逐渐接受了欧洲人创立的国际规则。

实际上,不只是东亚,全世界各个地方性的国际秩序都在西方的殖民入侵中瓦解,全世界都开始用欧洲人的原则和方式来思考和处理外交问题。今天人们认为理所当然的"主权""领土""国家利益"这些概念,实际都是从欧洲"进口"而来的。

因此,在很大程度上,我们今天所说的"国际政治",实际上是一个扩展到全球范围内的"欧洲政治"。有时候国际政治学家为了区别于"朝贡体系",就把这套"欧洲制造"的国际规范称为"条约体系"。今天全世界的国际政治都是由"条约体系"来规范的。简单地说,来自欧洲的"条约体系"构成了今天我们所说的"国际社会"的基础。这就是今天中国所处的这个世界的基本现实。

那么,由欧洲人创立、通过殖民扩张推广到全世界的这套"条约体系",对于身处其中的国家来说,到底规定了哪些国际责任呢?

如果我们做一个简单的分类,一个现代国家的国际责任有最基本的三个层次。首先是遵守国际规则的责任。国际规则包括一个国家和别的国家所签署的条约、国际法,也包括通行的、得到广泛认可的国际规范和共同价值观,比如主权平等、保障人权和民生、和平解决争端等等。这些都是国家作为国际社会一员的基本责任。一个国家如果不承认或不履行国际规则。因此,我们可以把遵守国际规则的责任称作"基础国际责任"。

第二种国际责任是维护国际规则的责任。在现代国际社会中，国家依照各种方式结成了权利义务关系，形成了一套游戏规则。可是游戏要维持运转是有成本的。相关国家需要分担这一成本，也就是提供国际社会的"公共产品"。比如，联合国就像我们生活中的居委会或者俱乐部一样，属于国际社会的"公共产品"。联合国及其下属组织需要由各成员国提供会费或者其他方式的资金来维持运转，才能有效制定和执行国际法，实现维护国际安全和经济秩序的功能。除此之外，还有一种维护国际规则的责任是防止破坏。如果有国家破坏国际规则，相关国家需要共同担负起责任，对破坏者进行惩戒，对遭到破坏的秩序加以重建。比如联合国的"集体安全机制"和"维和行动"就是这种维护秩序的国际责任的典型代表。很多国家每年都向联合国派出维和部队，也是承担国际责任的表现。

我们把前面两种国际责任进行比较会发现，国家遵守国际规则的责任是平等的，但维护国际规则的意愿和能力是不同的。一般来说，国家在现有国际规则中受益越大，维护现有国际规则的意愿就越强；国家的综合国力越强大，其维护国际规则的能力也就越强大。所以强国往往是国际规则的主导者，也是国际规则的主要受益者，它们维护国际规则的意愿和能力最强。

总之，在遵守国际规则的"基础责任"上各国不分大小都一样，但在维护国际规则的层次上，强国往往承担着更多的责任。用我们通常讲的话说，能力有多大，责任就有多大。美国人所讲的"利益攸关方"，实际上也是借股份有限公司"多大权益、多大能力、多大责任"的概念，来向日益强大的中国提要求：中国既然力量强大了，就理应多做贡献呀！美国人的这个比喻很有意思，我们也可以借用一下，就把第二个层次的"维护规则"的国际责任称为"有限责任"。国际社会就像一个有限公司一样，股东在某些方面的责权利大小是不一样的。

最后，还有第三种国际责任，就是改造国际规则的责任。这也和中国这样的大国有关系。许多国际政治家和战略家都相信，在国际政治中，历史是由大国创造的。大国改造和重塑国际秩序的现象非常普遍。中国人熟悉的美国外交家基辛格在他的巨著《大外交》一开头就感叹道：

"几乎是某种自然定律，每一世纪似乎总会出现一个有实力、有意志且有知识和道德动力，希图根据其本身的价值观来塑造整个国际体系的国家。"①

基辛格的言下之意是：对于那些希望成为世界领袖的国家来说，改造世界也被看作是一种责任。国际社会的发展不可能是静止的。新的大国在崛起、科学技术在进步、社会生产力在提高、人类生活方式在改变、新的政治哲学和价值观在不断出现。国际社会的领导国家必须依据这些变化，按照自己的意愿和需要，对国际规则进行调整，以维持世界的发展和稳定。而另一方面，一些新兴的强国则希望在国际秩序中体现新的利益格局。甚至有些时候，对于新兴强国来说，通过"改革"有限地调整原有国际秩序。如果没有希望，就毋宁用"革命"或者战争方式来从根本上重塑国际秩序。大革命时期的法国、20世纪初的德国和日本、冷战时期的苏联，都是试图彻底重塑国际规则的例子。

显然，无论是通过"改革"国际秩序来维持霸权的国家，还是通过"革命"来争夺霸权的国家，都是国际体系中有能力、有意愿担当领袖的国家。因此我们可以把第三层次国际责任称为"领袖责任"。

基辛格说，每一个世纪都会出现一个想要改变世界的领袖国家。那么21世纪将改变世界的国家是谁呢？在今天，在这最高层次国际责任的背后，我们可以窥探到世界对于中国最深层次的担心。

---

① 亨利·基辛格：《大外交》(顾淑馨、林添贵译)，海口，海南出版社，1998年，第2页。

三、中国的责任

我用了很多笔墨来说明"国际责任"的起源，实际上是为了更清晰地探讨"中国责任"的问题。外国人心底最大的疑问就是佐利克演讲的那个题目："中国向何处去？"因此，当我们回答外国人"中国想要融入世界"的时候，还要具体一点告诉他们：中国融入世界的表现，就是中国是一个遵守和维护国际规则的、负责任的国家。把"中国责任"的问题向外国人说清楚，是讲好中国故事的一个焦点。每一个有可能与外国人接触的中国人，无论你是政府官员、大学生、学者、商务人士或者是一个普通游客，都应该对这个问题有所了解。

在中国是不是负责任这个问题上，如果我们留心国际新闻会发现，近些年来西方更多的是在指责中国。在全球气候变暖和环境问题上，西方国家在提醒中国的"责任"；在朝鲜核问题和伊朗核问题上，西方国家在提醒中国的"责任"；在人民币汇率和全球贸易平衡问题上，西方在提醒中国的"责任"；在叙利亚、利比亚、缅甸、苏丹的内部动荡问题上，西方国家在提醒中国的"责任"；在中国自己的军力发展问题上，西方国家还是在提醒中国的"责任"。西方国家列出了一长串的清单，要求中国表明态度、改变政策、加以配合，以彰显中国对国际社会"负责任"的态度。否则的话，中国就会遭到无端的猜疑和指责。

但在许多中国人看来，这种指责是不公平的。无论从历史和现实来看，中国显然都是一个乐于担负责任的大国。中国努力发展经济、消除贫困、改善民生，本身就是对国际社会负责任的表现；即使在自身经济困难时期，中国都坚持实行大量的对外援助——这种援助今天只有增多，没有减少；在外交上，中国始终遵循"和平共处五项原则"，依照《联合国宪章》和联合国相关组织的规则办事；中国在遵守国际法和国际条约方面有着良好的纪录。西方忽视这些纪录，却反复拿中国的国际责任问题说事，这简直是故意的诽谤。很多中国人甚至认为，外国人谈中国的"国际责任"问题，不过是为了迫使中国牺牲关键的国家利益，甚至用"戴高帽"的方式阻挡中国崛起而已。

> "中国经济责任论"其实是"中国经济威胁论"的翻版，通过对"顺差国责任""债权国责任""储蓄国责任""能源消费大国责任""碳排放大国责任"等论调的炒作，形成对中国不利的长期舆论氛围，给国际社会以"世界经济中的任何问题都因中国而起、世界经济形势能否好转取决于中国采取的措施"等印象。
>
> ——中国商务部国际贸易经济合作研究院院长霍建国[1]

> 一个小孩，因为弱小，平时大个子都不爱带他玩儿。有一天大孩子说："来！一块玩吧！"于是这个小孩就得意忘形，以为自己也跟大个子一样强大了。
>
> ——中国前驻英国大使马振岗[2]

总之，中国和西方在中国责任问题上各执一词。孰是孰非，我们这里不深入讨论。但我们仍然牢记公共外交的基本原则：要想有效地沟通，必须深入剖析彼此的分歧，争取找到基本的共识，从共识出发再去尝试说服和改变。在中国的责任问题上，外国人和我们一方面看法有分歧，另一方面，其实也有部分的共识——至少西方并没有说中国完全是一个

---

[1] 中国网：《专家驳斥中国经济责任论 称要警惕变相"捧杀"》，2010年8月16日，http://www.china.com.cn/economic/txt/2010-08/16/content_20714847.htm。

[2] 舒泰峰：《我们对西方的赞扬存在严重的误读》，《领导文萃》，2010年09期，第32页。

"不负责任"的国家。而造成分歧的原因，有理解方式的差异，也有猜疑、偏执、傲慢、自尊等情绪作怪，当然也包括恶意的抹黑和诽谤。对不同的原因也需要我们分别辨识和处理。

在这样一个分歧与共识掺杂、情绪与事理交织的复杂问题上，我们要和外国人沟通并不容易，上一节提到的国际责任的三层次分析框架可以成为我们很好的路标。下面我们就从"基础责任""有限责任"和"领袖责任"三个方面分别解开线团，看看到底西方要中国承担什么责任？这些要求背后反映了西方的什么心理？中国有没有可能做出一些调整，以提升中国在国际上的形象？

在"基础责任"层次上，中国和西方的共识其实大于分歧。大多数西方国家承认，改革开放以来，中国在消除贫困、为国民提供更好的生活水平和基本权利方面，是发展中国家的典范。中国也是国际法的忠实遵守者，积极努力融入国际组织并在其中发挥作用。中国坚持奉行主权平等、和平共处的价值观，因此在全世界建立了正直的声誉。这些都是最基本的国家责任，中国的相关成就得到了世界的认可。

这一层次上中国和西方的争论主要集中在人权问题上。保障和促进人权是世界所公认的基本国家责任。中国多年来不断努力改善和提升人权和公民权利，但仍然一直受到西方的指责。这背后中国和西方最大的分歧是：维护人权的责任可以超越国界吗？冷战以后，西方国家经常关注和指责别国人权状况，甚至不断介入其他国家的内部政治活动。但是中国显然无法完全接受"人权高于主权"的价值观。作为一个曾经的半封建半殖民地国家，中国更加珍视主权的独立性，认为尊重国家的主权独立和领土完整是现代国际社会最基本的原则，动摇这一原则将撼动国际社会的根本；而作为前殖民宗主国，西方国家则对对外干涉习以为常，认为一个国家如果不能按照"主流"的国际标准履行责任，就应当接受国际制裁。"主权独立"和"保障人权"都是基本的国际规则。中国和西方对哪种规则更重要的认识不同，造成在干涉和反干涉过程中相互进行道义上的指责。

在"有限责任"层次上，中国和西方实际上都同意"多大权益、多大能力、多大责任"的基本原则。因此，中国不但欣然接受了美国提出的"利益攸关方"概念，而且反复说明中国是国际秩序的受益者，要积极融入国际社会，成为"建设性的合作伙伴"。为了解决全球性问题、维护世界稳定，中国还倡议和美国等建立"新型大国关系"，协作履行大国应有的国际责任。

但中西方争议的焦点在于判断中国国力的标准不同。换句话说，如果是能力决定责任，那么对能力的判断不同，对责任的认识也就不同。西方国家以总体国力来规定中国的国际责任。在西方看来，中国已经是世界第二大经济体，理应担负起"二把手"的相应责任。这就包括扩大对国际组织的出资份额、增加对外援助、承担更多维和行动、担负更多的碳减排义务等等，甚至有时候西方还要求中国跟西方国家的政治立场保持一致，对"不守规矩"的国家进行干涉和制裁。中国在叙利亚问题上采取独立立场，西方就认为是不可接受的。

大多数中国人则认为，单纯以经济总量来计算中国国力，会超出中国理应承担的限度。近代以来形成的深刻民族危机感仍然影响着中国人对自身地位的判断。中国人喜欢回顾的是鸦片战争前夕，中国的经济总量仍是世界第一，却轻易被英国远征军击败。巨大却孱弱的耻辱历史深深地印刻在中国人脑海之中。许多中国人认为，在人均 GDP 还排在世界百名的情况下，中国显然不是一个真正的强国。与世界对中国的过高期待比起来，大多数中国人更多地沉浸在对国内问题的关注甚至担忧之中。他们认为自己的国家历经艰难走来，未来的路也是荆棘丛生。中国能不能实现最终的民族复兴，正处在关键的十字路口。而这时候充斥于西方媒体的中国责任论调让中国人难以理解。

中国政府已经越来越感受到本国人民和外国人在对中国看法上的鸿沟。这条鸿沟已经对中国的外交环境形成了挑战。一方面，从人均指标来看，中国确实连一个中等发达经济体都算不上，但另一方面中国在国际上显然又已经是一个举足轻重的庞然大物。世界对中国的期待并不能简单忽略，中国应该随着国力的增强，承担更多力所能及的国际责任。

因此，中国政府近年来增加了对第三世界的援助，豁免了最不发达国家的大量债务；中国还同意加大国际货币基金组织的出资份额；在解决国际争端、维护和平秩序方面，中国除了尽力推动朝核问题六方会谈外，还派出了非洲问题特使和中东问题特使；在叙利亚危机中，中国以更加坚决的态度和独立的立场进行了调和。甚至连人民解放军都开始派遣舰艇远赴海外、参与打击索马里海盗——这是中国二十多年来罕有的对外军事行动。

总之，在"有限责任"方面，中国政府确实在根据中国国力的提高，展现出更多负责任大国的姿态。但是，对于中国政府来说，这种调整必须在国外的热切期待和国内的相对冷淡之间寻求平衡，还要在义务增加的同时保证权利的相应扩大。这是很不容易的工作。很多中国人始终消除不了一种担心：中国在负担更多国际责任的同时，能得到与这份责任相匹配的权利吗？

总而言之，无论从"基础责任"还是"有限责任"来看，中国都做出了很多努力，积极融入国际社会，承担应有的国际责任。这些努力不是某种权宜之计，而是中国一百多年来一以贯之的国家目标。

中国改革开放以来所取得的成就，完全是在融入全球经济、不挑战现有国际秩序下完成的。中国整体经济、政治和社会治理水平的提升，使中国成为发展中国家的典范。中国的发展还给全世界经济增长做出了巨大的贡献。所以，我们可以说，到目前为止，中国的崛起对世界来说，是融入性的崛起，是负责任的崛起，也是建设性的崛起。中国应该把自己对世界负责任的态度用更清晰的方式传达给外国人。

四、中国怎样改变世界

最后我们来看看最高层次的国际责任，也就是专属于国际社会"领袖国家"的、调整和改变国际规则的责任。这是更麻烦的一个话题。因为你会发现，中国和西方在这个层次上有更多情绪上的纠缠。

中国越是快速地崛起，西方越是感到深深地焦虑。在外国人不断询问"中国是否是一个负责任大国"的时候，他们内心深处的真正问题是："中国是一个颠覆性的威胁吗？"今天，这个问题是一个挥之不去的幽灵，萦绕在许多外国人心中。

正是源于这种不确定感带来的焦虑，西方才列出了一长串的清单，要求中国满足。这就好比一个对爱情没有安全感的女孩给男朋友提出一长串要求一样情绪化。这些要求本身往往是试探性的、苛刻的、难以满足的。中国显然不是一个万能的白马王子，可以完成任何任务。而且，即使这些要求被暂时满足，西方的不确定感仍然会存在，新的要求还会被不断提出。

有趣的是，大多数中国人对西方的不安全感茫然无知。许多人觉得中国努力融入国际社会，可是西方却不断提出难以达到的要求，让人感觉是一种变相的拒绝，甚至阴谋的压制。面对来自西方的种种指责，近百年来被殖民列强欺侮的历史回忆很容易再次涌上中国人心头。长期严酷的国际生存环境让中国人都是天生的现实主义者。中国人不愿意为西方的某些说教或者"负责任大国"的虚名，放弃对根本利益的坚守。

因此，我们要告诉外国人，中国是融入性的大国，是建设性的大国，是负责任大国。但这还不能回答外国人心中所有的问题。我们还必须告诉外国人：中国将怎样改变世界？

最好别跟外国人说，中国不会改变世界。这不是事实。外国人也不会相信。中国人口占据世界五分之一，中国就算只是改变自己，也会改变世界。

当今的世界是由西方所主导的。西方国家的人口加起来一共不到 10 亿人，中国有近 14 亿人，和西方有着相当不同的历史传统、文化价值和自我期待。这种格局意味着，中国如果真正实现国家崛起，必然在某些方面改变现有世界。

几百年来，中国是西方看自己的一面镜子；中国迟早会重新改变世界，也是西方世代流传的一种宿命感。法兰西皇帝拿破仑早就说过一句妇孺皆知的预言："中国一旦被惊醒，世界会为之震动。"这就是被称为"睡狮"的传说。英国大历史学家汤因比讲到这个典故时用极富戏剧感的笔调写道：英国人打败了拿破仑，转身就发动了鸦片战争，把中国惊醒了。[①]作为有史以来最伟大的历史学家之一，汤因比显然认可拿破仑的这句话，他甚至在中国身上寄予了积极的希望。英国哲学巨匠罗素也曾说："在今后的两个世纪内，中国事务的进展将是（世界事务）一个决定性因素。"[②]

这种对中国前途的特殊感觉在西方社会深刻地传承着，并且不时地涌现出来。上个世纪以来，在不同的历史时期，都会听到世界各地有人在传说：21 世纪将是中国的世纪。2008 年金融危机以后，西方社会的挫折感加深，关于"中国领导世界"的说法在国际上再次大行其道。欧洲出版的畅销书，名字就叫《当中国统治世界》。而在美国，关于"中美共治"的说法一度风靡。前世界银行行长罗伯特·佐利克在《华盛顿邮报》上发表文章，名字就叫《经济复苏取决于两国集团》——中国和美国联手

① 何兆武、柳卸林主编：《中国印象：外国名人论中国文化》，中国人民大学出版社，2011 年，第 397 页。

② 何兆武、柳卸林主编：《中国印象：外国名人论中国文化》，中国人民大学出版社，2011 年，第 353 页。

拯救世界经济。甚至还有人认为中国不会跟在美国后面，而会"自立山头"，跟美国相抗衡，"金砖国家峰会"和"一带一路"倡议似乎就是中国向传统的西方统治集团争锋的标志。

> 我们现在不能肯定将来会怎么样，但我们可以确定，现在什么事情将会影响历史。我们达成了这样的共识，即：中美关系将塑造21世纪。本世纪没有任何一种双边关系的重要性会超过中美关系。[①]
>
> ——前美国总统奥巴马

今天，许多外国人承认中国确实是在融入世界，但他们也相信中国绝不可能仅仅是个融入者，而迟早会是一个改造者。中国融入世界越深、发展得越快，它改造世界的时刻就越临近。这种改变必将发生，又无法预知，越来越让世界上很多人感到不安。对那些不太喜欢中国的人来说，这样的前景简直让他们不寒而栗。

所以，我们需要思考这个问题：中国将要如何改变世界？或者更准确地说，我们在快速发展的态势下，需要向世界阐明：中国可以为世界做出什么样的积极贡献？

这个问题太重要、太迫切了。如果中国要制作一个最好的国家形象宣传片，主题就应该是：中国如何让世界变得更美好？中国青少年的新型国情教育，要加上重要的一条，就是在过去那些不可胜数的伟大成就基础上，中国将为世界的未来做出什么样的、彪炳史册的贡献？

只有我们思考清楚这个问题，我们才能用有说服力的话语告诉外国人：中国的崛起，将造福人类。

所以说，"中国贡献世界"才是中国公共外交的最高主题。中国要

[①] 肖枫："别把中美关系的复杂问题简单化"，http://world.people.com.cn/GB/13122674.html.

为世界做的贡献不只是一些具体的行动，比如参加联合国维和行动、开展人道主义援助、遵守国际规范、促进全球经济繁荣。这些都是中国可以做的贡献，但是任何一个普通国家也能做这样的贡献。这些具体的贡献只是在改善世界不如人意的状况，而不是改变造成这些状况的、不如人意的规则。

中国要成为一个伟大的国家，所做的贡献应该是基于中国独特文化的、具有历史创新意义的、能够推动国际社会整体进步的、具有道德和价值高度的贡献。中国如果要担负起伟大国家的责任，做出的必定是历史性的贡献。

> 中国应当对于人类有较大的贡献。而这种贡献，在过去一个长时期内，则是太少了。这使我们感到惭愧。[①]

——毛泽东

中国可以做出这种贡献吗？许多中国人还没有思考过这个问题。很大程度上，中国还没有从文化意义上建立起新时代的大国自觉和自信。

但是，我们要知道，外国人已经在等待答案，就像我多次说过的那样，如果我们给不出答案，他们就会自己描绘和涂抹。

这本书回答不了这个问题。这种根本性的课题需要我们民族最聪明的人一起探索。但是在这里，我可以提供一些和外国人交流时的初步思路。对于中国可以为世界做出的历史性贡献，我们可以从下面最简单的几点说起：

中国要做出的历史性贡献，第一点叫做"中国道路"。中国这么多的人口，这么复杂的国情，还有着和西方国家完全不同的文化传统，如

---

① 胡鞍钢：《中国道路的四个优越性》，《人民论坛》，2011 年第 25 期，http://paper.people.com.cn/rmlt/html/2011-08/18/content_900442.htm?div=-1。

果能够找到一条道路，最终成功地继西方国家之后、在一个超过十亿人口的东方大国实现现代化，这就是对世界历史的伟大贡献。但讲到这一点的时候，我们要注意提醒外国人，"中国道路"的意义不是要创造某种模式把西方比下去，更不是要像西方那样试图把自己的发展模式推广到别的国家去，而是要摸索一条道路，解决世界四分之一人口的现代化问题，并为其他发展中国家寻找符合自己国情的发展道路提供表率和鼓励。"中国道路"不是一条供人模仿的道路，而是一条精神上的开辟之路，是人类智慧和组织能力的再次自我超越。历史上有很多国家都曾经因为发展模式的创新，为人类历史做出了贡献。中国作为世界上人口最多的国家，更有责任去做出这样的贡献。

第二点历史性贡献叫做"和平崛起"。许多人怀疑中国不可能和平崛起，因为历史上从来没有一个大国是和平崛起的。新崛起的国家想要改变国际规则，就一定会向原来的霸权国家发起挑战，难免产生冲突和战争。我们要告诉外国人，和平崛起就是中国要努力为人类做出的历史性创新，也是中国崛起对世界的主要贡献之一。大国崛起改造世界既有可能是破坏性的，也有可能是建设性的。破坏性的崛起不可能成就真正伟大的国家。欧洲在历史上是霸权国家的摇篮，欧洲列强也曾一度把世界推向战争的坟墓。第二次世界大战以后，欧洲国家失去了霸权，却建立了欧盟。欧盟创造的国际政治合作方式和理念给今天的世界带来了伟大的改变。在核武器时代，中国除了通过建设性、融入性和和平发展的方式来崛起，再没有更好的选择。在全球化时代和开放的国际规则下，中国的和平崛起也有了更好的外部条件。过去30年的历史证明，中国基本做到了。中国这样的大国实现和平崛起，也是为人类的政治文明发展开了先河。

第三点历史性贡献叫做"和谐世界"。这是中国政府近年来提出的对未来世界秩序的主要设想，但很多外国人听不懂，觉得很空泛。因此我们有必要就此多谈两句。其实这样一个简单的政治表述背后，涉及到很深刻的理论问题，关系到欧洲创立的这套"条约体系"的先天性缺陷，也蕴含了中国文化为世界和平做出独特贡献的可能。

讲和谐世界，先要从世界的不和谐讲起。当今的世界秩序显然并不完美。首先最突出的是和平问题。有了核武器，大国之间是不敢轻易打仗了，但是世界各地的战争和暴力冲突依旧频繁，为了领土问题、宗教问题、种族问题、政治制度的问题，大国打小国，小国之间互相打，还包括很多国家的内战，造成大量的人民流离失所、朝不保夕。另外，许多国家即便没有直接卷入战争，也不时地处在对战争的担忧之中。中国周边的东亚地区算是最近20年来世界上比较和平的地区，但是仍然有很多领土争端，再加上大国势力的搅动，不时激起对抗的火花，我们对这种"冷和平"深有体会。

其次是平等问题。在现有的国际秩序下，富国越来越富，多数穷国始终很穷，差距非常大，而且看不到多少改善的希望。即便是一些新兴国家通过自身努力取得了进步，仍然会感到世界规则是不公平的。许多问题都有双重标准。有的国家通过多年的发展，已经很富有，但是却没有话语权，在国际政治上处在"二等公民"的地位，老百姓到国外也享受不到应有的尊重。

和平的问题和平等的问题，是世界"不和谐"最主要的两个方面，也是国际社会一直努力改进的方向。不管用不用"和谐世界"这个词，很多国家都在追求世界的和平、公正和平衡发展。

关键问题在于：中国能在这方面做什么贡献？

我们天然就可以做出贡献。我们要告诉外国人：中国能够为"和谐世界"做出特殊贡献，就是因为中国是"非西方"的。今天的世界规则，是按照西方的传统来制定的。这套规则有它的好处，全世界各国都在遵守和融入；但是也有它的缺陷。这些缺陷难以改变的原因，是因为它们往往根植于欧洲独特的历史文化之中。这些文化缺陷融入日常的政治生活，已经变成了天经地义，甚至都不会受到怀疑。

比如说"民族国家"的概念。民族国家来源于欧洲人崇尚分裂的传统。罗马帝国建成以后本来有一个统一的欧洲文明，罗马帝国崩溃以后欧洲就成了一盘散沙，后来在民族主义的旗帜下，形成了许多民族国家，再没有统一起来，而且越分越小。每个国家都有自己独立存在的理由，都要争夺自己独立发展的空间，于是打了无数的战争。近代史上，恐怕再也没有比欧洲战争更频繁和惨烈的了。后来欧洲这套规则扩展到全世界，全世界的人都开始谈"民族国家"，西方也到处鼓吹"民族自治"，恨不得把全世界都分裂成欧洲那样支离破碎。在这种观念之下，今天世界上到处因为民族问题而打仗，小的民族要独立，跨境的民族要分裂出来，合并成的新国家，于是纷争不断，战乱频仍。

"领土"也同样是带有欧洲特性的观念。欧洲中世纪有特殊的封建体制，土地层层分封，带有私产的性质。后来通过民族国家的相互竞争，"领土神圣不可侵犯"更是成了至高无上的原则。可是，原则很高尚，事实很麻烦。领土不是那么容易划得清的，常常是公说公有理，婆说婆有理。说不清楚只好由强权来决定。于是，为了领土问题，欧洲也打了几百年的仗。欧洲的这套思维如今扩展到世界，也到处引发争端。这都跟欧洲式的、崇尚分裂的、非你即我的观念有关系。

对于中国这样的东方国家来说，领土主权的神圣不可侵犯性，是从西方传入的概念。中国人传统上对"你的还是我的"这样的问题，是放到宏观"关系"中去解决的，并不是很较真。连国土也是这样。"天下之大，莫非王土"。强大的时候，"犯我强汉，虽远必诛"，能把匈奴赶到欧洲去，但也不会打到哪里就划一根国界线，说这就是中国的。衰弱的时候可以从长城退到黄河，从黄河退到长江，实在不行退到南方的海岛上，也还是中国。最后干脆来个大一统，大家都做中国人算了。

西方征服世界以后，西风就压倒了东风，"领土主权"的观念深入人心，成为世界各国处理国际关系的基本原则。可是西方的观念有个问题。既然领土是神圣的，那么就是没得商量的。阿尔萨斯和洛林这两个省，是属于法国，就不属于德国。为了领土归属问题，这两个国家抢来抢去，打了很多仗，最后也没打出个结果。欧洲国家为了争领土，打了几百年，最后在两次世界大战中几乎自我毁灭。再往后干脆让渡"主权"，取消国界，建立欧盟，才实现了几十年的和平。

所以说，"神圣领土不可侵犯"是西方的观念，"搁置争议、共同开发"是东方的智慧。吊诡的是，今天西方人用东方的观念迎来了内部和平，东方人却在用西方的观念吵得不可开交。在这样的观念之下，中国即便用武力把钓鱼岛抢回来，日本也会想办法再抢过去，或者永远憋着一口气要抢过去。领土争端将永无宁日。中国是一个大国，不怕争端。但如果要建设一个更好的世界，就要消弭争端。

最后，在国家之间残酷的竞争环境下，欧洲还形成了弱肉强食、优胜劣汰的强者逻辑，在传统骑士精神的影响下，对武力也怀有特殊的崇尚。经过历代西方知识分子的自我批判和社会改良，今天西方的强权逻辑对内已经不那么明显，但是在对外方面仍然占据着主流。西方如今一方面享受着对发展中国家的制度性剥削，另一方面动辄用制裁和武力教训"反西方"的叛逆分子。在阿富汗、伊拉克、利比亚、叙利亚，西方国家在使用武力方面的决心和嗜好跟殖民主义时期的先辈并没有根本的区别。

如果我们非要说中国文化有某些"劣根性"，那么西方文化也有些"劣根性"。西方文化的劣根性造成了西方所主宰的国际社会规则的缺陷性。在这方面，中国目前能够做的还很少，中国自己现在也被民族问题、领土争议问题、国家分裂问题所纠缠，在国际规则中处于被动地位。

但是中国作为和西方完全不同的文明，当中国强大起来以后，就要超越和反思这套规则，肩负起改造国际规则、为世界政治文明注入新因素的期盼。比如，中国传统的政治文化就崇尚"大一统"而不是分裂。在欧洲文明下，分裂和独立是正义的，为此可以不惜一战；而在中华文明下稳定和统一是正义的。这并不意味着中国历史上没有战争，但中国的战争为了统一而打，而不是为了分裂而打。为统一而战是有止境的，为分裂而战是无休止的。历史事实证明，中国求"合"不求"分"的思维给东亚地区带来更长时间的和平。

另外，在传统文化上，中国人解决争端的方式，不是非你即我的，而是模糊的、回避分歧的、重视"关系"的；中国儒家传统还对武力有着天然的排斥，崇尚"以德服人""文治天下"，能不用武力解决的事情，尽量不用武力解决。这些文化都跟西方非常不同。对于中国独特的政治文化，我们应该充分认识和珍视，因为它可能蕴含着改变现有世界的希望。欧洲人打了多年的仗，现在也向欧盟移交了"主权"，取消了"国界"，根本的方向还是走向"大一统"。世界要变得更和谐，中国的思想可能有重要的价值。

> 世界统一是避免人类集体自杀之路。在这点上，现在各民族中具有最充分准备的，是两千年来培育了独特思维方法的中华民族。
>
> ——汤因比

今天新一代的中国领导人已经开始行动了。习近平在担任中国国家主席之后，提出了很多新的外交概念。其中最核心的一个就是"命运共同体"。命运共同体，就是要超越国家之间弱肉强食的局面，用东方式的思维，来改变国家间关系的丛林本质。中国提出了"一带一路"发展倡议，建立了"亚投行""金砖国家"金融互助机制，也是为了给西方主导的国际机制提供新的思维和补充。

国际社会就像所有的人类社会一样，充斥着矛盾。"中国将向何处去"，这个问题牵动着西方深层次的忧患情绪，纠结着外部世界对中国的试探、恐惧和期待。很多外国人仍然用"异类"的眼光看待中国。他们不知道中国这个"异类"的崛起，会给他们习以为常的世界带来怎样的改变。

我们应该了解西方对中国崛起的焦虑，有机会和外国人交流，要多跟他们谈中国正在融入世界。这是中国对外政策的一个最基本事实。近代以来，中国在非常艰难的情况下，一直都努力承担国际社会的责任，这种坚持不懈地融入，也是中外关系最基本的历史脉络。

但我们要真正成为一个世所公认的大国，实现中华民族的复兴，最终要解决的问题是贡献世界。怎么让世界变得更美好，这是中国作为一个伟大国家最终要担负起的历史责任，也是我们对中国与世界关系的最终极思考。

中国建设性地改变世界之日，就是中国人重获尊重之时。

图书在版编目（CIP）数据

中国故事怎么讲 / 周鑫宇著 . ―― 北京：
五洲传播出版社 , 2017.5（2020.10 重印）
ISBN 978-7-5085-3657-6

Ⅰ . ①中… Ⅱ . ①周… Ⅲ . ①对外政策―宣传工作―中国
Ⅳ . ① D820

中国版本图书馆 CIP 数据核字 (2017) 第 071118 号

中国故事怎么讲

作　　者：	周鑫宇	
出 版 人：	荆孝敏	
项目策划：	张　斌	
责任编辑：	张　斌　梁　媛	
装帧设计：	北京红方众文科技咨询有限责任公司	
出版发行：	五洲传播出版社	
地　　址：	北京市海淀区北三环中路 31 号生产力大楼 B 座 6 层	
邮　　编：	100088	
发行电话：	010-82005927，010-82007837	
网　　址：	http://www.cicc.org.cn，http://www.thatsbooks.com	
印　　刷：	中煤（北京）印务有限公司	
版　　次：	2017 年 5 月第 1 版第 1 次印刷	
	2020 年 10 月第 1 版第 2 次印刷	
开　　本：	770 毫米 ×980 毫米　1/16	
印　　张：	13	
字　　数：	210 千字	
定　　价：	38.00 元	